**otl aicher
gehen in der wüste**

**otl aicher
gehen in der wüste**

s.fischer

broschierte sonderausgabe
2. auflage: 4.–6. tausend
© 1982 s. fischer verlag gmbh, frankfurt am main
gestaltung: otl aicher, rotis
reproduktion: rcs-litho h. tönnies, thüngen
satz: fotosatz-service weihrauch, würzburg
druck und verarbeitung: rasch, bramsche
printed in germany 1998
ISBN 3-10-000410-8

inhalt

7 wüstengänger
11 die kur
11 die region
12 die absicht
18 einen tag land-rover
26 auto stop 77 und 78
26 ein fluß für ein paar tage
31 oasen
35 zeit haben
38 ein baum
38 einige tage bei nomaden
45 nach hassi inifel, nur so
48 hassi inifel
56 hassi moussa
59 fort miribel
63 nächstes projekt
63 verlorene fertigkeiten
68 alis tee
74 autonomie des sandes
79 erg megraoun
81 das wetter findet täglich statt
88 die nacht
93 sterne
98 orientierung
105 eine glocke von licht
113 der gott der sonne
116 aufladung
120 überdeutlichkeit
120 abseits
121 wind und sand
124 moses muß ein zweites mal auf den berg
125 moses muß zum dritten mal auf den berg
139 rekonstruktion
140 die wüste zin und galiläa
145 reduktion und gewinn
150 die quellen von le corbusier
152 kunstwerke
158 minimierung und kunst
162 eine metapher
166 wettbewerb
167 leben aus erster hand
167 die sache mit dem zelt
173 konstruktivismus
177 die entlassung der substantive aus einer falschen würde
180 rückkehr zu den verben

10 kann man die sahara durchqueren?
14 gehen mit dem begleiter
22 gehen ist nicht gleich gehen
24 gehen bei nacht
34 kleidung
52 schuhe
57 der rucksack
59 hitze
63 kein schatten
71 temperaturen
78 schlafen
84 spiegelungen
88 essen
89 nahrung
92 reinlichkeit
97 krankheiten
99 wasser
101 fotos von der wüste
104 was ali so mitnimmt
108 kamele
116 kollegen
120 die großen dünen
126 dünen
151 navigieren
158 schutz
168 die architektur des zeltes
172 die wüste stirbt
177 stückliste

wüstengänger

eine vorbemerkung
   dieses buch hätte eigentlich gar nicht entstehen sollen. es ist als buch nie geplant gewesen. es ist das protokoll von den unternehmungen dreier wüstengänger, die entweder allein, zu zweit oder zu dritt sich ein bestimmtes gebiet der sahara ausgesucht und in vielen fußmärschen zu eigen gemacht haben.
   aber auch als protokoll war es nicht geplant. es sind notizen zufälliger art, beliebig entstanden, und auch das fotomaterial wäre austauschbar, so viel ist vorhanden.
   so gesehen, hat das buch keinen autor im strengeren sinn. es ist das buch dreier personen.
   da ist eberhard stauß, ein architekt aus münchen, mit dem ich seit jahren beruflich zusammenarbeite. er ist ein geborener trapper. ihm gehört die welt, solange er ein taschenmesser, eine schachtel streichhölzer und ein stück schnur in der hosentasche hat. er beherrscht die kultur des einzelgängers und steht sich selbst selten im wege.
   dann ist da manuel aicher, der jüngste aus unserer familie, aber schon nicht mehr mein filius, sondern seine eigene person. auch er ein alleingänger und somit ausgestattet mit dem, was die wüste zuerst erfordert: ständige beobachtung, verbissene reflexion und hartnäckigkeit gegen sich selbst. manuel studiert zur zeit jura.
   dann bin ich zu nennen, ein grafiker, bei dem als dem ältesten die faszination der wüste allerdings langsam an die grenze seiner physischen möglichkeiten stößt, obwohl er lieber heute wieder aufbrechen würde als morgen. vor jahren musste ich einmal allein ein stück wüste durchqueren. das kann einen für sein ganzes leben fesseln. ich habe damals den schönsten ort der erde gefunden, den ich kenne, mitten in der wüste. so fing es an. die faszination ist geblieben.
   die wüste ist eine denklandschaft. man geht nicht nur zwischen dünen, man geht auch in seinem eigenen denken umher, man macht gedankengänge. im gehen verändert sich die landschaft von bild zu bild. es verändert sich auch der gedankenhorizont. das auge zieht es mal hier, mal dort hin, auch die gedanken wildern umher. man wirft sie hinaus, als entwürfe.
   so ist ein nicht eigentlich geschriebenes buch entstanden. es hat keinen anfang, kein ende, keinen roten faden. man mag deshalb auch nachsichtig sein einer typographie gegenüber, die verschlungen ist wie ein gang durch dünen.

kann man die sahara durchqueren?

ich meine zu fuß.

mit dem auto ist es kein problem mehr. 1973 wurde die transsahara-straße bis el golea fertig. 1978 geht sie bis nach tamanrasset, in ein paar jahren ist die asphaltierte straße fertig bis zum niger. solange muß man sich noch im letzten teil mit einer piste begnügen.

nein, zu fuß.

das schwierigste stück müßte in der gegend sein, in der wir uns aufhalten, zwischen ouargla und in salah. hier liegt die barriere des hochlandes von tademait, ein topfebenes plateau, aber mit extremen klimatischen bedingungen. in salah gilt als der hitzepol der erde. hier habe ich meine erfahrungen gesammelt.

das ist alles eine frage des wassers und damit der brunnen. vor zehn jahren hätte ich noch gesagt, man kommt durch. heute hätte ich allerdings zweifel.

wir haben ein paarmal erlebt, wie brunnen verschütt gehen. nicht aus wassermangel, sondern weil die nomaden weniger werden, die sie gebraucht und unterhalten haben. bis ouargla dürfte es kein problem sein. im souf haben wir immer wasser gefunden.

von ouargla nach fort miribel, wo das hochland von tademait beginnt, gab es drei brunnen. damit wäre auch das zu machen gewesen. eine strecke von etwa 400 km. allerdings gibt es diese brunnen nur auf der karte. ich weiß nicht, welcher zu streichen wäre. fort miribel hat viel und gutes wasser (fort miriquell). wie nun über das tademait kommen? so an die

die kur

in douz traf ich einen reichen kaufmann, aufkäufer und exporteur von datteln. jedes frühjahr geht er vier wochen zu den nomaden in die wüste. wie eh und je.

in die wüste gehen ist in den hochkulturen ein akt der reinigung, selbstvermessung, der verhaltensdisziplin und der schärfung des denkens. jede zivilisation vernachlässigt den körper. wir leben wie tiere, die nie aus dem stall heraus kommen.

in die wüste gehen heißt, einmal den stall verlassen. gleichzeitig ist es eine art kur. die genügsamkeit baut falsche stoffe ab. anders als unsere kuren, mit dem kurbetrieb aus einer mischung von billighotel und ausbildungsheim für krankenschwestern.

die sahara hat ein optimales klima. heiße, trockene luft. sonne über sonne.

man ist gezwungen zu gehen. in der woche hundert kilometer. da man sein gepäck auf dem buckel trägt, bleibt alles überflüssige zurück. kein alkohol, keine zigaretten.

es fällt nicht schwer, am tag nur einmal zu essen. es ist zu heiß für den appetit.

man schläft im freien unterm himmel. es gibt kein haus aus beton und stahl, keine stromkäfige.

man geht mit der sonne schlafen und steht mit ihr auf. weil man kein licht hat, außer gelegentlich einem feuer aus dem holz eines alten busches.

die region

wir suchen immer dasselbe gebiet auf, wobei wir lernen, immer weiter in eine unbekannte region vorzudringen. es ist das gebiet zwischen zwei großen algerischen sandmeeren, dem westlichen und dem östlichen erg. hier liegen verstreut dünengebiete, die es uns mehr angetan haben als ein einziges großes sandmeer.

die region ist so groß wie der süden der bundesrepublik. ein anerkanntes, aber nie postuliertes ziel ist, zu fuß von westen her die höchste düne im großen östlichen erg mit der höhenangabe 614 zu erreichen. schaffen wir es, ist es gut, schaffen wir es nicht, dann eben nicht. der ehrgeiz konzentriert sich nicht auf diesen punkt, sondern auf die aneignung der wüste: sie sehen, sie begehen, mit ihr fertig werden. ihre ästhetik und macht zu fassen, obwohl sie uns so immens aussperrt.

aber die karten versprechen, daß um diese höhe, der südwestecke des erg occidentale, besonders bizarre dünen liegen müssen, das wallis der sahara.

zeitlich sind wir jeweils auf 14 tage beschränkt. manchmal gehe ich zweimal im jahr. bisher war ich zwölfmal in der wüste, viermal mit eberhard, viermal war manuel dabei. zweimal mussten wir ein auto für den nachschub zuhilfe nehmen, weil die zeitliche beschränkung uns sonst den radius zu sehr eingeschränkt hätte. ansonsten tragen wir alles im rucksack auf dem rücken.

im westen wird die region von der transsahara-strasse begrenzt, die von algier zum niger führt. irgendwo von dieser trasse aus starten wir, und dort kommen wir auch wieder an.

das gebiet hat drei große talregionen, trockentäler von flüssen, die früher gewaltig gewesen sein müssen. auch heute führen sie gelegentlich noch wasser, nach den gar nicht so seltenen wolkenbrüchen, wenigstens auf eine kürzere strecke.

diese talregionen führen grundwasser, das langsam in jahrhunderten bis zum mittelmeer wandert, so das oued mya, das in tunesien in den salzseen offen austritt.

dieser grundwasserbestand speist die sechs oder acht brunnen, die in der region verteilt sind, welche die basen für unser weiterkommen bilden.

ein anderes tal ist das des oued in sukki, ein nebenfluß des oued mya. der dritte grundwasserkomplex ist der von el golea, unserm ausgangspunkt.

die region grenzt im süden an das hochland von tademait, eine schwarze steinwüste, den heißesten teil der sahara.

die talbrüche und hochlandkanten bilden die voraussetzung für die dünenbildung. dünen sind geschöpfe des windes.

wo die erdoberfläche bewegt ist, entstehen bewegte dünenzüge. und der wechsel hatte es uns angetan.

der weitaus größte teil der region ist stein-, schotter- und kieswüste. meine schuhe muß ich in der regel nach 300 km ohne wasser. sind sieben bis acht tage. pro tag zwei bis drei liter, besser vier, pro person.

nach in salah geht es noch einmal 600 km in den hoggar. aber es wird bergiger, man kommt aus dem molassetrog heraus. wasserführende schichten treten offen zutage. die brunnen reichen.

zur zeit der römer war die sahara noch so grün und bewässert, daß eine ganze legion sie durchqueren konnte. seitdem ist die wüste immer karger geworden. aus dem barock wird der letzte einzelgänger genannt, der die sahara durchquert hat, über tausend kilometer.

die nomaden mit ihren kamelen haben sie ständig quer durchzogen. aber solche karawanen gibt es nicht mehr. und also auch die brunnen nicht mehr, die es möglich machen würden, die sahara heute noch zu durchqueren. sie werden zugeweht.

zwei wanderungen neu mit dicken profilsohlen belegen lassen.

die grundwassersituation macht es möglich, daß an ein paar stellen, niederungen, pflanzen mit ihren wurzeln bis zum wasserhorizont reichen. es gibt drei, vier buschweiden, das msedli, oder das daiet saret. bei hassi inifel stehen am ufer des trockentals von oued mya sogar einige wenige uralte bäume. auch am rand größerer dünen gibt es in der regel ein paar büsche. die düne ist ein wasserschwamm.

der topografische top-punkt in der nördlichen mitte der region ist hassi inifel, ein brunnen und altes beduinenzentrum am zusammenfluß von sokki und mya. hier verengt sich das flußsystem, wasser steht hoch an. in vier bis fünf meter tiefe findet man wasser. vorzügliches wasser.

die absicht

hamada ist die steinwüste. erg ist ein sandmeer. gassi sind die ebenen zwischen den dünenzügen. kef ist der steilabfall eines plateaus. serir ist die kieswüste.

der wind streicht von norden nach süden. und nimmt den erosionssand des atlas mit richtung hoggar und tibesti, die zwei gebirge, die im süden die sahara begrenzen, wie der atlas im norden.

der wind transportiert den sand nur, wenn er gleichmäßig über den boden streicht. treibt ihn eine erhebung, ein plateau, dazu, anzusteigen, fällt die last ab. es entstehen dünenmeere.

die heißeste gegend der sahara ist das hochplateau von tademait, eine ebene, halb so groß wie die bundesrepublik und bedeckt mit schwarzen steinen. sand gibt es hier keinen. er wurde vom wind fallengelassen, als dieser zum anstieg aus der tieferen region gezwungen wurde.

die so entstandenen dünengebiete vor dem plateau von tademait sind mit das schönste, was es auf erden gibt. im besonderen das erg bent chaouli. es ist relativ leicht zu erreichen, die transsahara-straße führt im westen daran vorbei.

weiter im osten, über hundert kilometer entfernt, beginnt das große östliche erg, ein ozean von dünen. auffallend sind seine langen dünenzüge von nord nach süd, die

das kopftuch, die araber nennen es schesch, ist ein unerläßliches kleidungsstück. es schützt vor der sonne wie vor dem vom wind aufgepeitschten sand.

gehen mit dem begleiter

goethe hat eine »reise nach italien« beschrieben. was wäre daraus geworden, wenn der titel gelautet hätte »urlaub in rom«? für ihn war reisen ein vorgang. das auto und das flugzeug sind verkehrsmittel, die nur den zweck haben, am ziel anzukommen. man bewegt sich nicht mehr irgendwohin, man ist da. für uns heute ist kulturkritisch vielleicht interessanter zu lesen, was goethe nicht gesehen hat, als was er gesehen hat. aber er hat sich in jedem fall umgeschaut, er hat laufend exkursionen unternommen, treffpunkte gefunden, besuche gemacht, erfahrungen aufgesogen, erlebnisse registriert, pläne entwickelt.

der reisende wird heute in seinen urlaubsort gelegt wie ein ei ins nest. er will sich brüten lassen.

ist es pervers, zu reisen und das auto zuhause zu lassen, zu reisen und nur noch zu gehen, zu reisen, um zu gehen, das heißt praktisch ohne ziel, einfach, um zu gehen? ja, zu reisen, ohne etwas anzusehen, durch eine wüste zu gehen? das gehen selbst zur unternehmung zu machen?

das ist schon bei der kleidung interessant. ein heutiger tourist kauft sich irgendwelche fahnen, die sportlich aussehen sollen, freizeitkleidung. da hier die definitionen auseinandergehen, sind touristen angezogen, wie es schlimmer nicht mehr geht. rein nach gusto. es gibt ja auch keine kriterien.

für mich ist nicht nur von großer wichtigkeit, welche

ein paar hundert kilometer lang werden können. diese dünenzüge haben es mir angetan.

hier gibt es die höchsten dünen. die höhe 614 ist mein ständiger zielpunkt. ein kleineres erg davor, das erg megraoun, hat eine höhe 613.

wenn wir nicht bis 614 kommen, so war unser plan, sollte es bis 613 reichen.

im frühjahr haben es manuel und ich zu fuß probiert. sechs flaschen wasser sind drei tage hin, drei tage zurück. aber die hitze war so groß, daß das wasser nur zwei tage reichte. diesmal im herbst wollten wir nomaden suchen, um ein kamel zu bekommen, das unsere last trägt.

nomaden ziehen von brunnen zu brunnen, die einige tagereisen auseinander liegen. also galt es, die wenigen brunnen aufzusuchen. die meisten gibt es im bereich des erg bent chaouli.

aber am brunnen von fort miribel, noch im hochland von tademait, gab es keine nomaden, auch nicht am brunnen hassi moussa, auch nicht am brunnen hassi meksa.

ohne kamel, das war schon zu hause klar, mußten wir im erg bent chaouli bleiben. so war es auch.

das bent chaouli mag so groß sein wie die schwäbische alb. nur liegt es in nord- südrichtung. es hat vier brunnen, einer davon ist inzwischen vom sand begraben.

wie die großen ergs hat es dünenzüge von nord nach süd, dazwischen liegen steinige becken, einige voll mit schwarzen steinen, einige mit salzablagerungen und einige mit kiesebenen und niedrigem buschwerk. die höchste höhe ist 511, eine düne im süden, ehe das plateau von tademait beginnt.

inzwischen war ich schon viermal im erg bent chaouli. für augenmenschen ist es ein paradies. ich ging quer durch und längs durch. diesmal zogen wir vom süden nach norden und einige mal auch quer. ich kenne seine höhen und wir haben uns darin verirrt, als könnten wir nie mehr herausfinden. wir kennen die brunnen. es ist eine art zuhause geworden: nur für uns.

getroffen haben wir niemanden.

die sicheldünen lassen das bild eines bewegten meeres entstehen.

schuhe, welche hose. ich weiß, in meiner rechten hosentasche muß ich ein taschenmesser haben, einen lippenschutz und eine hautsalbe gegen zu viel ultraviolettes licht. dazu ein taschentuch. schon aus diesem grund kann ich eine für mich passende kleidung nicht mehr kaufen. die taschen sind zu klein.

ich gehe nicht in einer bildungslandschaft voller kunstwerke wie goethe, ich habe als umwelt und begleiter eine herausforderung. ich habe sie akzeptiert und trete zu ihr in korrelation. ich habe zu diesem begleiter eine aktive beziehung herzustellen. und um diese beziehung aufzubauen, gehe ich. im gehen entwickle ich mit diesem begleiter, mit sonne, hitze, sturm, wasserlosigkeit ein system. wir zwei stellen einen kleinen ökologischen kosmos dar, ein geschlossenes system.

dieses system zwingt mich zum beispiel, immer ein 10 cm langes stück starken draht mitzunehmen und eine

winzige zange, mit der ich sogar einen zahn ziehen könnte. ich weiß aus erfahrung, warum.

    in diesem system findet zwischen mir und meinem begleiter ein ständiger optimierungsprozeß statt, der zugleich auf minimierung hinausläuft. optimiert werden muß das durchkommen. minimiert werden müssen die belastungen. dies sowohl vor der unternehmung wie während der aktion.

    das ist ein kunstwerk.

    ich brauche keine kunstwerke, ich mache eines. die grenze dieses neuen kosmos ist die grenze der eigenen belastbarkeit. sie ist keineswegs fest definiert. sie ist flexibel. man kann den zustand seines körpers beeinflussen. man kann seine ausdauer trainieren. man kann seinen willen festigen.

    innerhalb dieser grenze treten vielfältige wechselbeziehungen auf. zum beispiel die frage der materialien. was taugt nylongewebe, was taugt baumwollgewebe. noch heute weiß ich nicht, welches die besten socken sind. dabei

ein großer teil der wüste besteht aus schotter- und steinwüsten. das hochland von tademait ist eine steinwüste aus schwarzen steinen. hier wurden die höchsten temperaturen der erde gemessen.

einen tag land-rover

prompt eine polizeisperre. und ich habe meinen führerschein zu hause gelassen (um gewicht zu sparen, im ernst). ich will in der nacht mit dem land-rover eine probefahrt machen und mir vom vermieter noch ein paar instruktionen zum vier-rad-antrieb geben lassen. morgen will ich nach fort miribel (fort miriquell), um zu sehen, ob diesmal nomaden da sind. die polizei hat ein sperrschild in die straße gestellt und winkt uns mit taschenlampen heran. ein versuch, mit dem vermieter den platz zu wechseln, kommt zu spät. es werden an mir vorbei ein paar vetternhafte unwichtigkeiten gewechselt, und da in einem beamtenstaat beziehungen und bekanntschaften wichtiger sind als ordnung, gibt man uns zu verstehen, an den angehaltenen fahrzeugen vorbeizufahren.

selbst auf geröllwüsten fährt der land-rover fast wie auf einem teppich. auf der piste scheppert der karren über das ganze wellblechprofil, aber abseits drückt der schwere wagen die steine in den sandgemischten untergrund. stellenweise fährt man zügig im vierten gang. es ist schon ein vergnügen.

allerdings mit einem nachteil: man fährt an allem vorbei. vor einem halben jahr sind wir das alles zu fuß gegangen, tagelang. jetzt ist es eine frage von stunden. und die wüste, die ich jetzt erlebe, verhält sich zu der vom vergangenen jahr wie ein telefonbuch zu lebenden personen, wie ein film zur wirklichkeit. es ist eine wegwerfwüste, man schaut hin, dann ist schon das nächste da. nur das fahren als fahren ist schön.

wirklich. keine straßen, kein zaun, kein graben. man dreht nach rechts, man dreht nach links. und diese flachwüste ist so groß wie ein staat.

das gehen als gehen kennt dieses vergnügen nicht. dafür sieht man alles, nimmt es auf. das auto kennt nur weg und ziel. umfeld ist vorbeihuschender wechsel.

natürlich kostet es kraft, auszusteigen.

man rationalisiert leicht eine parteinahme für schnelleres fortkommen, mehr sehen. aber es stimmt nicht. schnelleres fortkommen ist weniger sehen.

es kostet natürlich kraft, all seinen eigenen kram selber zu tragen, wo im wagen für vieles platz wäre. es kostet

sind füße so wichtig. ich wollte diesmal einen versuch mit kaschmirwolle machen, habe die socken aber dummerweise zu hause gelassen. hier herein spielt die frage des gewichts. welches material ist schwerer? man hat mit jedem gramm knausrig zu sein.

ich glaube, ich kenne inzwischen die besten verschlüsse für befestigungsriemchen. von eberhard habe ich ein paar knoten gelernt.

ich will nicht sagen, daß meine umwelt in der wüste, die mich ständig begleitet, feindlich ist. schließlich habe ich sie mir selbst ausgesucht.

aber sie zwingt sehr zu methodischem vorgehen. schließlich bin ich selbst auf die spielregeln eingegangen. ich glaube, ich bin fair darauf eingestiegen. dem harten gegenüber bin ich nicht bettelnd gegenübergestanden. ich habe mir gesagt, gut, wenn du hart bist, will ich auch hart sein: ich bin das geschäft eingegangen mit der verpflichtung, all meinen kram selber zu tragen. davon gibt es mal eine ausnahme,

die damit zusammenhängt, daß mein trip jeweils nur vierzehn tage dauern kann. aber im prinzip ist abgemacht: ich trage alles selber. mein bett, mein essen, mein wasser.

das macht das system sehr drahtig, rational. ich habe ebenso mit dem kopf zu reisen wie mit den füßen. mein kunstwerk hat eine angespannte struktur. diese struktur wird komplexer dadurch, daß der faktor zeit hinzukommt. ein liter wasser ist nicht ein liter wasser; sondern wasser, das so und so lange vorhält. auch die zeitliche dimension ist limitiert, das heißt, wegprogramme müssen im gegensatz zu sonstigen reisen in einer bestimmten zeitgröße absolviert werden. sonst wird es kritisch. man kann nicht einfach warten. dies ist nur zulässig an wasserstellen.

eine wichtige frage bleibt die dehnbarkeit des systems, das heißt die größe des risikos. bleibt ein handlungsspielraum oder nicht? konkret: ist das wasser knapp bemessen, oder bleibt eine reserve? in keinem fall möchte ich um mein leben laufen. oder so etwas einplanen. das wäre außerhalb der spielregeln, wenn ich meinem begleiter hier auch eine option zusprechen muß. er ist frei, mich dazu zu zwingen. mit nichts in der welt läßt er sich in diesem punkt umstimmen. aber auch ich gehe keinen plan ein, der nicht im äußersten notfall garantieren würde, alles wegzuwerfen außer den wasserflaschen, und in letzten nachtmärschen aus der gefahr herauszukommen.

das regelsystem läßt sich selbstverständlich ändern. es kann eventuell seinen reiz haben, einen saharatrip mit einem landrover zu machen. damit ändern sich aber die qualitäten des gewinns. der reiz läge mehr im technischen und im verhalten einer gruppe. aber es gäbe kanisterweise wasser, werkzeuge wie in einer werkstatt. das system

wäre sehr redundant. die
intellektuelle ökonomie, die
darin liegt, nur das allerwe-
sentlichste zu akzeptieren,
ginge verloren. das kunstwerk
käme nicht zustande. abgesehen davon, in die sandmeere
kommt man nur zu fuß.

dünen haben auf der dem wind abgekehrten seite einen abbruch mit immer demselben winkel von 31°. beim gehen tut man schwer, gegen diese böschungen aus weich geschüttetem sand anzugehen.

gehen ist nicht gleich gehen

60 km kann man am tag gehen, wenn man einen hirsch jagt, irgendeinem ziel hinterher ist. freilich nicht, wenn man ausschließlich im sand geht, der oft weich ist und gerade bei angestrengtem schritt nachgibt.

fast 50 km bin ich täglich neben dem kamel hergegangen, vier tage lang. ich hatte das gepäck auf das kamel geladen, und es blies trotz strahlender sonne ein frischer wind. das tempo wurde vom kamel bestimmt. sein gang sieht langsam und wiegend aus. in wirklichkeit geht es stramme sechs km in der stunde. und das ohne pause und unterbrechung, quer durch eine stein- und schotterwüste.

mit vollem gepäck sind wir eine woche lang im schnitt 35 km gegangen, 250 km weit. da solche märsche die regel sind, verdienen sie besondere beachtung. man kann nicht einfach drauflos gehen. das rächt sich. wir haben da einiges lehrgeld zahlen müssen. wir hatten nicht daran gedacht, die pausen miteinzuplanen, statt den marsch nur nach gutdünken zu unterbrechen.

heute weiß ich, daß man nach jeder stunde eine viertelstunde rast einlegen muß, und nach vier, spätestens fünf solchen etappen eine längere rast von zwei bis vier stunden. der grund liegt nicht so sehr in einer allgemeinen regeneration, als in der erholung der füße. fast bei jeder

kraft, nur so viel zum essen und trinken mitzunehmen, wie man selber tragen kann. es kostet kraft, ohne unterlage auf dem boden zu schlafen, weil man nicht auch noch ein bett mitschleppen kann. es kostet kraft, nur noch das wasser zu trinken, das man unterwegs findet und nur noch so viel zu essen, wie man wirklich braucht.

hat man aber die kurve, ist man heimlich ganz froh. die dinge werden zu dingen, die welt wird zu welt, ein weg zu einem weg, sterne zu sternen. sogar menschen werden zu mehr menschen, wenn sie einmal ohne ihre zweite hälfte, den motor, auskommen.

und die ökonomie. der aufwand und die wirkung. im fahrzeug geht alles mit. der hausrat setzt speck an, wird redundant. seine prothesen zu überprüfen, abzuwägen, was mitdarf und was nicht, die kunst, zu minimieren, um eine sinnvolle relation von aufwand und nutzen herzustellen, schafft eine höhere rationale existenz. man wählt das notwendigste, aber auch das pfiffigste, kann es sich nicht leisten, in kilogramm zu denken, wo gramm gefragt sind. zwar ist die minimierungstechnik im hinblick auf nomadisierende fußgänger noch nicht allzuweit entwickelt, aber aus dem krieg und vor allem aus dem bergsteigerrepertoire gibt es eine menge sachen, die das tragen zu einem lustigen kalkül machen. schließlich beginnt man sogar, sich mit dem zu befreunden, was man tragen kann, man wird adäquat und damit autonom. man stellt eine neue einheit dar, sich selber und seine trage, die unabhängiger macht, freier. man ist selbst seine basis, sein aktionszentrum, mobil und autark.

und wenn ich mal weiter will, als ich tragen kann, ziehe ich es vor, ein tier zu nehmen, das meiner geschwindigkeit folgt. das gehen kennt nicht die sucht nach geschwindigkeit. sobald ich einen motor zu hilfe nehme, tritt früher oder später die frage an einen heran, warum nicht einen größeren, warum nicht einen schnelleren.

das gehen ist synchron. es ist angemessen dem körper, aber auch dem kopf. wahrnehmung, eindrücke und denken sind – so wie ich bin – aufeinander bezogen. das gehen garantiert ihre richtige zuordnung.

rast ziehen wir schuhe und strümpfe aus, um zu verhindern, daß die haut in den schuhen feucht und weich wird und damit zur blasenbildung neigt. mit kaputten füßen sein marschziel erquälen, ist eine strafe gottes. andererseits kann man ad infinitum gehen, wenn die füße in ordnung sind. eine unterstützung dieser sorgfalt ist sicher, wenn man öfters, wo es geht, barfuß läuft, die haut der füße fester und widerstandsfähiger macht und im sand zudem reinigt.

vermeiden sollte man einen marsch bei großer hitze um die mittagszeit. man kommt ins übermäßige schwitzen, die sonne brennt auf die schuhe, der boden ist heiß. die füße sind einer walkenden waschküche ausgesetzt.

gute dienste tut auch ein fußpuder. die fußhaut bleibt eher trocken und leichter gleitend. hat man aber einmal schwierigkeiten mit blasen, tut ein englisches filzpflaster die besten dienste.

wenn man die erfahrung solcher streckenmärsche hinter sich hat, die auf einer ökonomie der intervalle aufbauen, wird einem das gehen zur zweiten natur, und kein ziel ist einem zu weit. bei längerer rast wird man unruhig, man möchte seinen rucksack auf den buckel werfen und losgehen. der körper, der einmal aufs gehen rhythmisiert ist, verlangt nach seinem rhythmus.

merkwürdigerweise habe ich mich nie an einen gleichen schritt halten können, ob wir nun zu zweit oder zu dritt waren. einmal sind wir alle forcierte individualisten, zum anderen zu unterschiedlich in den körpermaßen. es ist der eigene rhythmus, den der körper sucht.

bei sandsturm oder extremer hitze zu gehen, was gelegentlich notwendig ist, schafft

natürlich eigene bedingungen. da kann man für zwanzig km einen ganzen tag brauchen. jede marschplanung muß dies berücksichtigen und genügend reserve mit einkalkulieren.

gehen bei nacht

optimal ist gehen bei mond. aber es geht auch ohne ihn. meistens sind die nächte kaltklar und die sterne sind alle präsent. man gehe ja nie ohne karte. bei dieser art sternlicht kann man sie auch nachts lesen. bevor man losgegangen ist, hat man auf der karte den kurs ermittelt auf sechzehntel werte der windrose, es genügt also etwa WNW. der polarstern ist immer auszumachen, also nimmt man am westlichen himmel einen stern, der zu diesem zeitpunkt die position N-NW hat. die sterne wandern gegen den horizont zu rascher als im zenit, so daß man wohl alle halbe stunde sich einen neuen stern aussuchen muß. vorteilhaft ist, wenn man die sternbilder kennt und die ausgesuchten sterne benennen und sich besser merken kann. es ist zudem das besondere vergnügen der wüste, mit den sternen, die so eindringlich sind, vertraut zu werden. erst in der wüste erschließt sich einem der sternenhimmel, und man entdeckt, daß die sternbilder nicht nur aus unterschiedlichen figuren bestehen, sondern auch aus unterschiedlichen sternarten. der skorpion ist schon keine

autostop 77 und 78

ich denke, ich sehe nicht recht. ich lasse den landrover ausrollen an der denkwürdigen stelle der transsahara, wo manuel und ich vor einem jahr aus den sandmeeren ankamen, abgeschlafft, aus hassi moussa, und manuel im ewigen warten steintürmchen baute. autos kamen damals nur selten und die meisten waren voll besetzt.

ich will sehen, ob vielleicht eins der türmchen stehengeblieben ist. und was sehe ich da? in dieser menschenleeren gegend kommen zwei gestalten auf die straße zugesprungen, so wie wir damals, mitten aus der wüste, und winken, so wie wir verzweifelt gewunken hatten. nirgendwo bin ich leuten begegnet, und ausgerechnet hier, wo wir zwei damals ankamen, kommen wieder zwei an.

ich fahre ihnen entgegen, weil ich mir noch bewußt bin, was ich empfunden hätte, wenn ein auto nicht nur gestoppt hätte, sondern uns auch noch entgegengefahren wäre.

es ist ein nomade mit seinem sohn. der sohn will nach el golea, der alte hat ihn zur straße begleitet und will zurück nach hassi meksa. hassi meksa? es ist unser vogelbrunnen.

ich fahre den alten zurück. ich weiß, wie lang der weg ist. und dem land-rover schmeckt die geröllebene. und wo landen wir? in unserm ›paradiesgarten‹. so nannten wir einen besonders schönen fleck mit wunderbaren wedelbüschen im erg bent chaouli.

ist es traum oder wirklichkeit? diesen paradiesgarten hatten wir eine ganze nacht verzweifelt gesucht, uns dabei immer hoffnungsloser in den dünen verlaufen. er war unser anlaufpunkt gewesen, um von dort aus zu unserem camp weiterzukommen. jetzt sehe ich ihn wirklich wieder ...

ein fluß für ein paar tage

am ersten tag, als wir am oued in sokki ankamen, war das wasser noch fließend. am zweiten tag bildete es eine kette kleiner seen. am dritten waren es noch tümpel. am vierten fanden wir das wasser nur noch an wenigen tieferen stellen. es verschwand im untergrund.

es muß oberhalb enorm geregnet haben. fast jedesmal, wenn ich in die sahara komme, vor allem im frühjahr, erlebe ich einen regenguß. regen ist gar nicht so sel-

figur mehr, sondern ein heller funkennebel ...

sternbilder zu lernen und sie zu benennen sichert die orientierung. in jedem fall ist immer ein orientierungsstern zu fixieren, der die richtung bestimmt, auf die man zugeht. aus der karte ist dann nur noch die zeit zu benennen, die man für den weg veranschlagt. die dauer eines marsches bei nacht ist sehr unterschiedlich, je nach gelände und umständen. selbst in der topfebenen geröllwüste trifft man unterschiedlichste bodenarten, vom groben schotter über steinfelder bis zum feinkies.

ausschlaggebend ist das gepäck. da man in der regel alles hab und gut bei sich trägt, kommt meistens ein schönes gewicht zusammen, so zwischen 20 und 30 kg.

bei 30 kg haben wir kaum zweieinhalb kilometer in der stunde geschafft. hat man ein kamel, das alles gepäck schleppt, kann, ja muß man fünf kilometer in der stunde gehen, denn das kamel hält

sich an seinen eigenen trott, der für uns forciert ist.

anhand der karte läßt sich in den ersten stunden der nacht schon fixieren, wie schnell man geht. daraus läßt sich ableiten, wie lange der marsch bis zum ziel dauern wird. es ist wichtig, sich zu beginn auf eine zeit, die gut bemessen sein sollte, festzulegen. während der nacht gibt es durststrecken und schwache stunden. die psychische belastung läßt sich leichter ertragen, wenn man den gesamtumfang der unternehmung kennt und die einzelnen phasen sich auf ein gesamtprogramm projizieren lassen.

die pausen. man lebt von ihnen. man tut gut, sie nach einem festen rhythmus einzulegen, damit man beim meist beschwerlichen gehen weiß, was man wie lange zu leisten hat. bei vollem gepäck haben wir eine dreiviertel stunde gehen und eine viertel stunde pause zugrundegelegt. gegen morgen sitzt man bei der pause dann schon nicht mehr, sondern man legt sich hin, wie steinig der boden auch sein mag, und streckt alle viere von sich. vielleicht verzichtet man sogar auf den schluck wasser, weil jede bewegung zuviel ist − so anstrengend kann selbst ein dreiviertelstunden-takt sein.

angenehm ist der rhythmus von einer vollen stunde zu einer viertel stunde. das läuft sich ganz schön, wenn man nicht zu schweres gepäck hat. ohne gepäck kann das verhältnis von vier stunden zu einer viertelstunde pause ansteigen. das habe ich sogar bei sengender sonne gemacht, allerdings nicht querfeldein, sondern auf einem karawanenpfad.

auch nachts braucht man wasser, wenn auch unterschiedlich viel. es gibt die klaren kühlen nächte, wo man gut haushalten kann. ein sturm mit schwüler luft zieht einem die feuchtigkeit von der haut weg, wie damals bei fort miribel, man braucht wasser wie ein gaul. ich trank in zwei stunden einen liter. sonst reicht eine feldflasche eine ganze nacht. es ist nicht in jedem fall ausgemacht, daß man nachts weniger wasser

braucht, obwohl das für uns das hauptmotiv ist, nachts zu gehen.

gelegentlich ist es gut, während der nacht drei, vier stunden schlaf einzuplanen. ist man tage hintereinander darauf angewiesen, vierzig kilometer zu gehen, macht man sinnvollerweise die ersten zwanzig am abend ab sonnenuntergang, wenn die hitze gebrochen ist, und die nächsten zwanzig etwa von vier uhr an in der frühe. wir sind dabei aber auch schon ganz schön in den morgen hineingetrieben worden, und ab zehn, elf uhr ist die sonne ein scheusal.

in fort miribel kamen wir vom erg megraoun aus an wie ausgebrannt, ausgelaugt, mit zerbrochenen knochen, brennenden füßen. der traum vom meerwasser und orangensaft wurde zu einer drehscheibe, die den kopf kaputt machte.

zur zahl der personen.

am liebsten gehe ich allein oder nur mit noch einem begleiter. in jeder nacht gibt es einen punkt, wo man schlappmachen möchte. mal sind es die füße, mal stolpert man ungeschickt, mal ist es das klima, mal das gelände, daß man sich sagt, wozu das ganze. wenn man zu zweit geht, gibt es da keine allianzen. zu dritt können parteien des unmuts entstehen, die es dann auszuschalten gilt. und das kostet kraft.

was nun, wenn kein mond scheint, die sterne blaß sind und man keine karte lesen kann? man geht wie im obigen fall, verliert dann allerdings die kontrolle über das gelände. man weiß nicht, wo man ist. man hat nur seinen orientierungsstern und die vorher abgeschätzte zeitdauer. das setzt bereits geschick und erfahrung voraus.

am oued mya gibt es nur einen passablen übergang. er ist aufzufinden, auch wenn man querfeldein gelaufen ist und im einzelfall nicht wußte, wo man sich befand. das ist schon eine art blindflug und kostet psychische kraft, weil man sich ständig fragt, bist du richtig oder nicht. man wird laufend an sich irre und muß sich doch ständig bestätigen.

es ist nie falsch, wenn der wasservorrat es gestattet, sich hinzulegen und zu warten, bis es tag wird. mit manuel bin ich eine ganze entsetzliche

ten, wie man gemeinhin glaubt, wenn auch die menge aufs jahr verteilt minimal ist, ganze fünf millimeter. bei mir zu hause sind es im durchschnitt siebenhundert.

so floß richtiges braun-lehmiges wasser den oued in sokki hinunter. bereits am übergang über den oued mya, vielleicht 40 km entfernt, fanden wir noch wasserreste im felsigen flußbett stehen, spuren von gazellen und kamelen drum herum.

was fast wie ein wunder aussah, war bald selbstverständlicher bestandteil der szene. das wasser reflektierte trotz der trüben farbe das blau des himmels so makellos, daß es aufhörte, fremdartig auszuschauen.

für ein paar tage herrschte eine fast paradiesische konstellation: goldbrauner sand, tiefblauer himmel, viel licht, wind in den büschen, frischgewaschene felsen im flußbett und wasser. wasser zum baden und planschen. ein gazellenbock hüpfte mit gestreckten vieren in die höhe, der pfeifvogel zog sein langes lied. sonst waren wir allein wie die ersten menschen.

die welt war vergessen. in unserem kopf gab es keine städte, keine maschinen mehr. die zeit stand still, hatte keine zukunft und keine vergangenheit mehr. es gab nur uns. genau in der mitte einer hohen, großen welt.

oasen

die kleinste oase hat inmitten einer wilden, leeren welt am rande des plateaus von tademait vielleicht 25 büsche, sonst etwas steppengras und distelartiges kraut. immerhin zähle ich sechs wilde kamele. menschen sind nicht zu sehen. die kamele können auch nicht weg. der nächste platz, wo es wieder nahrung geben würde, ist 50 km weit entfernt. ob sie ihn trotzdem finden? offenes wasser ist nicht zu sehen, nach einem regen gerade noch eine pfütze, um die wilde melonen wachsen.

eine andere üppigere wasserstelle mit sprudelndem, allerdings lauwarmem wasser beherbergte zwischen viel buschwerk zwei esel. immerhin könnte hier eine farm gedeihen, eine, die ich gern betreiben würde, wenn der pionieraufwand nicht aus dem ertrag gedeckt werden müßte. das land ist atemberaubend. eine erosionslandschaft mit dazwischen gelegten dünenzügen von großer mächtigkeit.

was man heute als oasen bezeichnet, sind in den wenigsten fällen noch solche. überlandstraßen haben sie

nacht hin und her gelaufen, düne rauf, düne runter, weil wir einen übergang nach hassi moussa verfehlt hatten.

eine nacht sind wir gegangen, ohne daß wir einen stern sahen. es war sturm und verhangener himmel. eberhard hatte einen kompaß dabei. wir markierten den aus der karte abgegriffenen kurs als weißen papierstreifen auf dem kompaß, um ihn auch bei dunkelheit ausmachen zu können. wir gingen wie in einer waschküche. und es war so dunkel, daß man den streifen mit dem finger abtasten mußte. dazu grobes geröll und füße, die von einem 100-km-marsch schon fast kaputt waren. es war ein kreuzweg. glücklicherweise riß dann der himmel auf. wir kamen in jedem fall an, wo wir wollten.

es wird immer morgen. das bedeutet jedesmal, eine nacht erlebt zu haben, die man nicht missen möchte. die rechnung geht unterm strich

man geht viel in der nacht, um wasser zu sparen. die nacht gehört damit zum lebensablauf wie der tag. die nächte werden oft bewußter erlebt als die tage mit ihrer bleiernen hitze.

immer zu unseren gunsten auf. natürlich würde man strapazen nicht auf sich nehmen, wenn es nicht darum ginge, zur rechten zeit eine wasserstelle zu erreichen. aber am ende einer solchen nacht ist es, als hätte man einen gipfel erreicht. man hat gewonnen.

kleidung anfangs ging ich in blue jeans es funktionierte nicht besonders. das ist ein kleidungsstück des auto-trampers und der großstadtzivilisation, für eine welt, wo man nicht zu fuß zu gehen hat. es dient, das merkt man in der wüste, mehr der schaustellung als der bewegungsfreiheit. gerade dort, wo unser körper wie aus verschiedenen teilen zusammengesetzt erscheint und die meisten falten hat, sind die blue jeans am engsten geschnitten, um von hinten wie von vorne deutlich machen zu können, was ein mann ist und was eine frau. das dient nicht unbedingt der durchlüftung und der verhinderung des klebrigen schweißes. dort, wo man nicht schwitzt, am unterschenkel, sind die blue jeans weit und luftig. am oberen ende dieses kleidungsstückes ist alles eingezwängt und abgeschnürt, als wäre es rosenduft und quellwasser, was der körper über seine poren loswerden will.

in der hitze mag das einen tag gehen, zwei tage, dann erscheint es vernünftiger, die körpernahe hose über die schulter zu werfen und im

an die zivilisation angeschlossen. autos, elektrizität und öl haben sie zu vollstädten gemacht. die erbohrten brunnen lassen große palmerien und gartengebiete entstehen. ihr charakteristikum ist nur die große entfernung zur nächsten oasenstadt. ouargla mit wohl 100 000 einwohnern liegt bald 200 km von gardeia entfernt mit ebensoviel einwohnern. dazwischen gibt es nichts. der bus fährt ohne halt durch mit einer enormen reisegeschwindigkeit, die gleich der tachogeschwindigkeit ist.

    die städte selbst machen ihre gründerphase durch. großes durcheinander, überall abfälle, viel staub und dreck. aber schon die ersten touristenhotels für jet-set-reisende, alhambra-stimmung mit swimming-pool. ein neues rathaus entsteht, ein krankenhaus. immer mehr neue drähte werden gespannt, immer mehr masten eingesetzt.

    die sahara wird nie grün werden, aber einige zivilisationsachsen entlang der urstromtäler werden sie durchziehen und die jetzigen einzelpunkte zu einem band ergänzen. denn – so merkwürdig es klingt: wasser ist da. es gibt nur keinen haushalt des wassers, keine wasserökonomie, keine sinnvolle bevorratung und verteilung. wenn einmal wasser, wie das öl heute, in einem langen verbundsystem in rohren fließt und ein solches urstromtal wie der oued mya zwischen el golea und biskra auf seine 800 km eine ringleitung haben wird, werden auch zwischen den heutigen groß-oasen noch siedlungspunkte entstehen und einen zusammenhang entlang einer wasser-, straßen- und stromschiene ergeben. ein anderes solches urstromtal ist die achse von bechar über beni abbès und adrar bis an den fuß des hoggars. das erstere läuft aus der sahara heraus, das andere vom atlas herunter in die sahara hinein.

    der staub der heutigen oasen ist ebenfalls ein produkt der motorisierung. das auto zermahlt den sand zu mehl, zu staub, der sogar in der luft hängen bleibt.

    ich habe kleine stadtoasen gesehen, an die noch kein auto heran kann. esel und kamel sind das einzige transportmittel. diese straßen bestehen aus sand. sie sind sauber und ohne lärm, denn sand verschluckt viel unrat und macht geräuschlos.

    die hauptstraßen werden eines tages um die städte herumgeführt werden. die elektrischen leitungen wird man in den boden verlegen. es wird ein abwassersystem geben, ausgewiesene müllplätze, und es wird der glanz der alten oasen wieder sichtbar werden können, der unter dem mehlstaub matt geworden ist. ein kolonialsystem hinterläßt dreck. wenn die ordnungsmacht verschwunden ist, die sich um die öffentliche sauberkeit kümmerte, entsteht ein vakuum, das erst ein allmählicher prozeß ausfüllen kann. die sauberkeit ist heute noch privatsache. der islam schreibt individuelle reinigungen vor, die wohnung wird saubergehalten. aber allen dreck, so war man gewohnt, hat man der besatzung vor die füße geworfen, das heißt auf die straße. und der taumel der freiheit erzeugt nicht notwendigerweise auch den willen zur lösung der unbequemen dinge der selbstverwaltung.

    so sind die oasen heute in einem zustand, daß man gerne den sand der wüste aufsucht, um eine adäquate umwelt zu finden.

zeit haben

sich anpassen an die gesellschaft heißt immer chancen wahrnehmen müssen. chancen des aufstiegs, chancen der selbstbestätigung, chancen des erfolgs, chancen, um mit einem minimum an mitteln ein maximum an sicherheit, geld, ruf, freiheit zu erreichen. so ist man dauernd gefordert. zeit hat man nur zum regenerieren.

    sich anpassen an die wüste heißt, nichts falsch machen. man wird programmiert von der natur, von fakten, realitäten. hitze, kälte, sand, durst, müdigkeit, last, freude. das maß ist die frage: wieviel wasser habe ich noch bis zu meinem ziel. danach entschließt man sich, tags durch die hitze zu gehen und viel wasser zu brauchen, dafür nachts zu schlafen. oder man geht nachts, braucht weniger wasser und kann dann tags ruhen. das schafft zugleich viel zeit. man sucht, wenn es geht, einen kleinen fleck schatten, einen strauch, einen felsvorsprung, und man erlebt stunde für stunde. sonne am morgen, sonne im blauesten himmel kurz vor mittag. sonne mit flimmernder hitze und blendendem licht. und sonne wieder im blauen himmel am spätnachmittag. seltsamerweise wird es einem nicht langweilig. gelegentlich schläft man oder man hat an seiner ausrüstung zu tun. sonst ist man vollauf beschäftigt mit seinen gedanken, mit der großen umwelt und den nächsten schritten.

    es gibt keine ablenkungen, mit denen man sich davonmogeln könnte. es gibt nur hohen blauen himmel ohne eine wolke, der in einer atmosphäre ohne luftfeuchtigkeit von horizont zu horizont reicht, ohne übergänge. es gibt das scharfe licht, blendende helligkeit ohne farben. es gibt den sand, der tagsüber leblos ist, nur im morgen- und abendlicht schatten bekommt, konturen, volumen und farben, es gibt den wind.

    in diesen wenigen parametern entwickelt sich das schauspiel des wenigen und großen. weil man zeit hat.

die dünen der sahara werden nach dem süden zu höher. im erg
megraoun wachsen aus dem wellenmeer der dünen einzelne, fast
alpin anmutende spitzen.
im bild links die düne 613.
im gegenlicht zur sonne ist die farbe des sandes weniger rot.

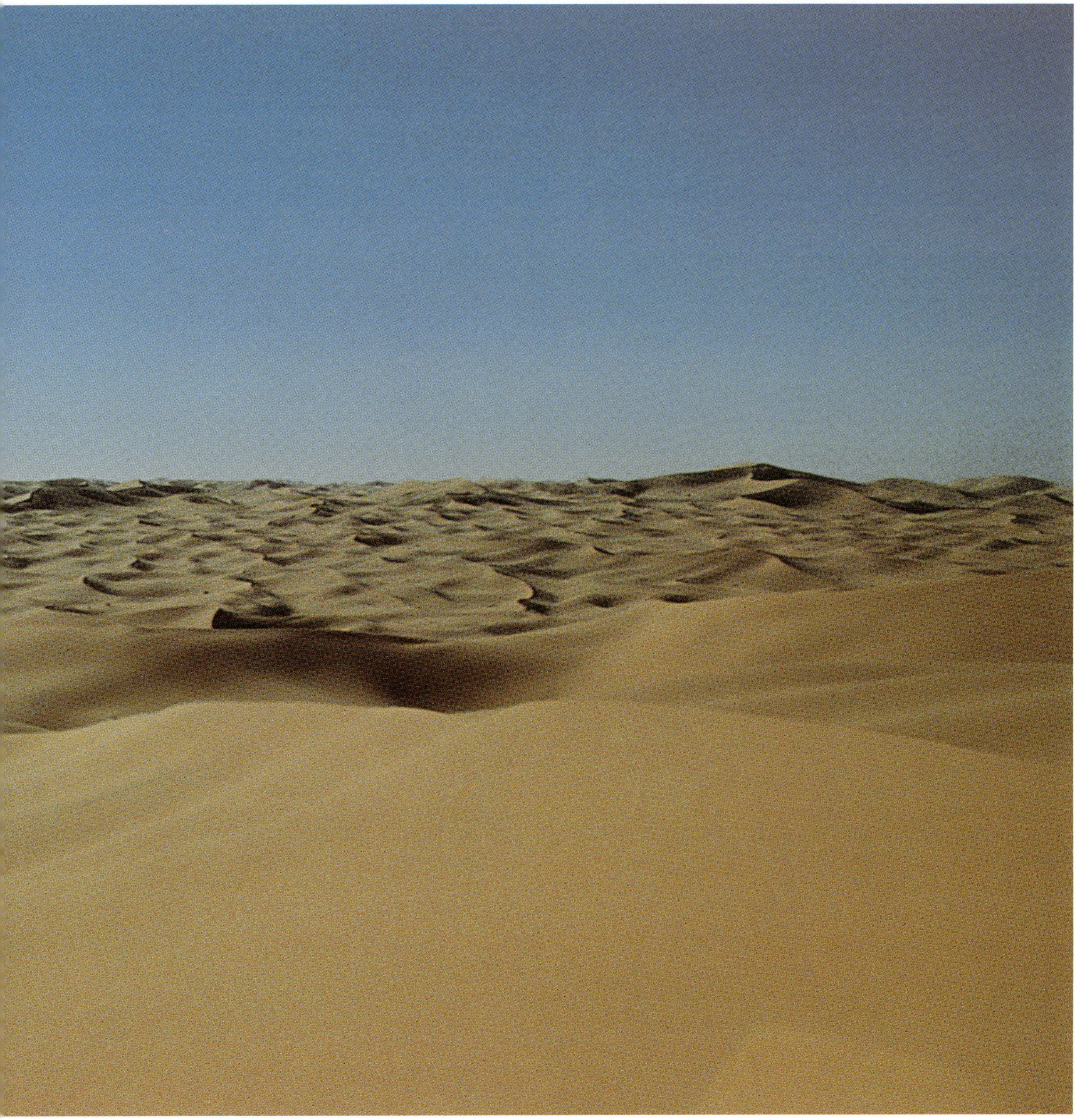

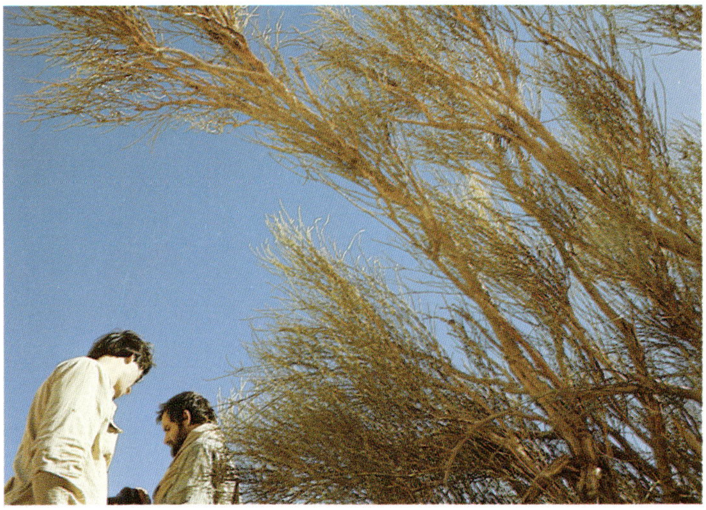

ein baum

das ganze jahr über nimmt man sich vor, sich einmal unter einen baum zu legen. man kommt nicht dazu.

wir liegen unter einem baum. in der wüste. er ist eher ein großer strauch. wir haben ihn aufgesucht wegen des schattens. der wind rauscht durch die zweige, durch die nadeln hindurch, die im grellen licht glänzen. ein tiefblauer himmel. die schattenseite ist kühl, während sonst die sonne einem die lebenskräfte nimmt.

es gibt keinen wunsch mehr.

wir mußten bis hierher, in eine wüste, um unter einem baum zu liegen.

einige tage bei nomaden

anders als wir lieben sie die freiheit mehr als die sicherheit. wir ziehen heute die sicherheit allem andern vor. sicherheit vor arbeitslosigkeit, vor wirtschaftlichem rückgang, vor finanziellem bankrott, vor existenznot, sicherer lebensabend . . .

auch die ölarbeiter von hassi messaoud schuften für eine lebensgarantie. den sozialismus, den sie mitgebracht haben, werden sie über kurz oder lang wie wir der sicherheit opfern. zuerst, heißt es, geht es um höhere löhne, bessere ausbildung, gleichheit der chancen, dann werden sie wie wir nur noch für garantierten lohn und garantierte rente arbeiten.

offenbar macht es schwierigkeiten, die nomaden zu ölarbeitern zu machen. sie ziehen nicht immer nur zu neuen weiden, sie fliehen vor dem zugriff der industriegesellschaft.

die familie ali hat neun kamele, ein zelt, an die dreißig ziegen und zehn schafe. ali ist vielleicht sechzig,

die höher gelegenen teile der sahara sind vom wind freigefegte steinwüsten. der sand lagert sich in den tiefer liegenden regionen.

hemd zu gehen. schon die haut, die aufgeweicht ist wie die hände einer waschfrau, dankt es einem. aber auch die hose, die nicht zum schwamm halbedler gerüche werden muß.

in gardeia habe ich eine muselmann-hose gefunden, eine pluderhose mit einem ganzen quadratmeter locker fallenden stoffes im schritt. sie ist wie ein fächer, sorgt für luftbewegung und hat als reiterhose der araber eine bewegungsfreiheit, als hätte man überhaupt nichts an.

zwar bin ich weder mit pferd noch mit kamel oder esel unterwegs. aber das gehen in der stillstehenden glut des mittags zwischen hitzereflektierenden dünen schafft womöglich noch ungünstigere bedingungen als das reiten. hier muß sich ein kleidungsstück bewähren.

tamanrasset ist einer der wallfahrtsorte der blue jeans-generation, die in dieser hose eine fahne der freiheit fand. so ist entlang der piste und straße nach dem hoggar viel blaubebeintes volk unterwegs.

entweder per altem VW-bus, gekauft, um notfalls am rande der piste liegengelassen zu werden, oder per auto-stop. man sitzt auf seinem rucksack und schiebt den daumen in die gewünschte richtung. zu fuß geht keiner. es wäre auch sinnlos, dorthin zu gehen, wo man später mit dem auto vorbeifährt. so bleibt diese generation noch in der wildnis dem gesetz der zivilisation treu, die sie in frage stellt: verkehr ist der des rollenden rades.

und wie gesagt, das rad ist nur eine halbe erfindung ohne seine bahn. es ist lange genug erfunden gewesen, ohne wesentliches zu leisten. erst mit seiner schiene, mit seiner straße hat es sein prinzip entfalten können. eine straße heute ist kein weg mehr, sondern die andere seite der rotierenden zivilisation. die straße gehört dem auto, nicht dem fußgänger. also bleibt der tramper sitzen, und zwar an der straße, denn außerhalb der straße ist kein fortkommen mehr.

warum hat eigentlich nicht die natur das rad erfunden? warum kommt es in der natur

am morgen und am abend steigt man auf die dünen. tagsüber liegen
sie in einem blendend weißen, konturlosen licht. mit der tiefer
liegenden sonne gewinnen sie ihre farben und mit dem schatten ihre
körperlichkeit zurück.

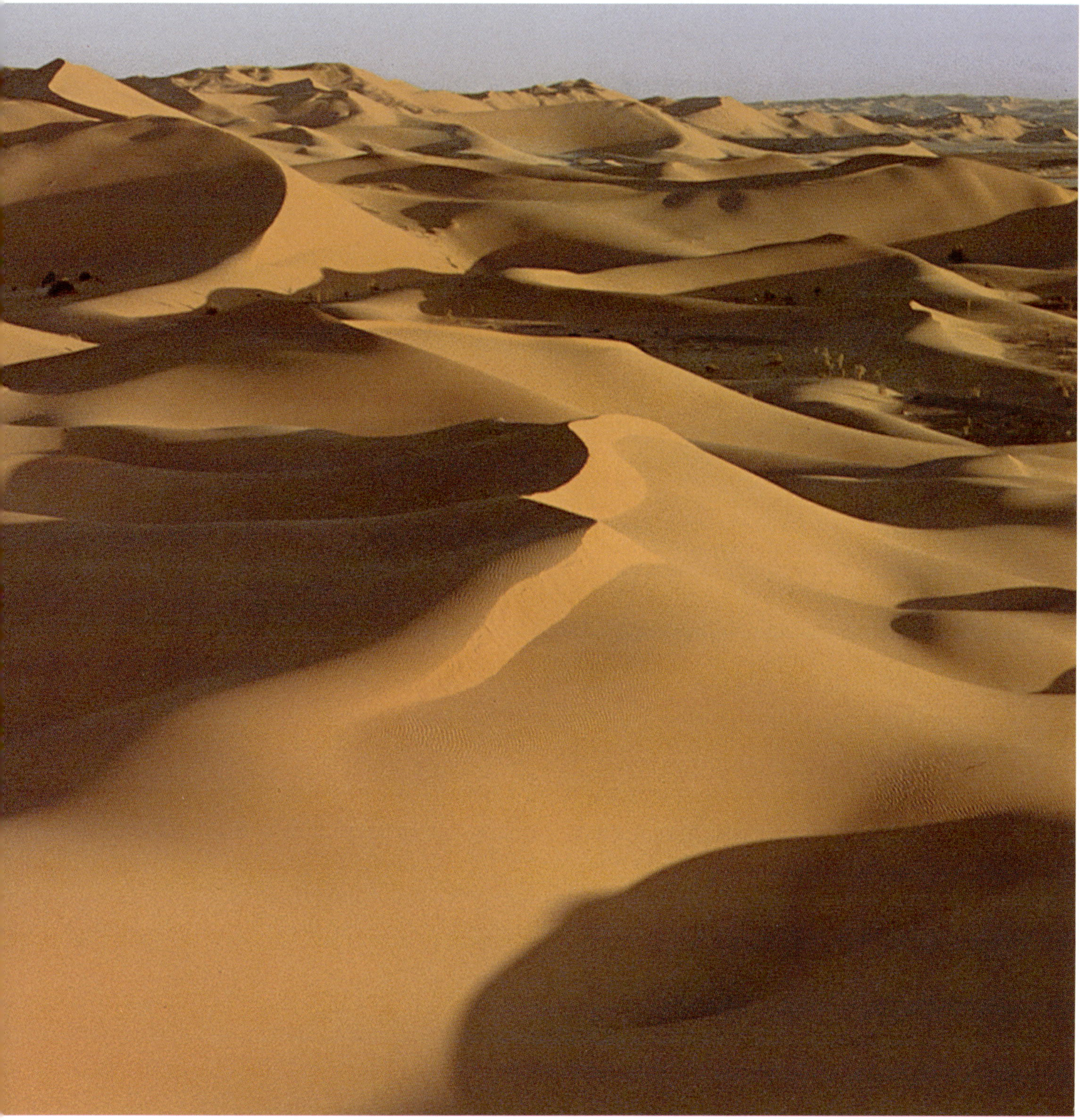

die frau fünfzig. sie haben sieben kinder zwischen zwanzig abwärts bis acht jahren. sein zelt hat er in einer kleinen buschweide aufgeschlagen, die manuel und ich ›paradiesgarten‹ getauft haben. wir kamen hier an einem morgen kurz nach sonnenaufgang durch und fühlten uns wie david mit seiner harfe. ein miniaturpark von filigranen, wedelbüschen und kleinerem buschwerk.

ali gehört die ganze zentralsahara. im sommer ist er mit seinen kamelen bei timimoun und in der saoura, drei/vierhundert km von hier im westen. er kennt aber auch den souf, ebensoweit von hier im nordosten. dann ist er wieder mit seinen kamelen und seinem zelt in in salah. die namen der wasserstellen kennt er in- und auswendig.

sein zelt steht jetzt zwischen zwei quellen, hassi moussa, wo wir letzten herbst waren, und hassi meksa, unserer vogelquelle.

das nächste zelt steht etwa 80 km von hier. mehr ernährt die sahara nicht. es müssen verwandte sein. einen der söhne von ali brachte ich dorthin auf dem weg nach el golea.

kinder sind hier ein segen. die größeren buben hüten die kamele. die leittiere der kamele haben gefesselte vorderbeine, damit sie nicht zu weit weglaufen können. trotzdem muß man sie gelegentlich suchen, man bleibt nicht dauernd bei ihnen. das einzige hochtechnische produkt im haushalt von ali ist ein fernglas, damit keins der kamele verlorengeht.

die kleineren kinder hüten die ziegen und die schafe. sie treiben sie vor jedem essen zum melken zusammen. die milch wird sofort verarbeitet.

das leben ist reduziert, aber macht offensichtlich glücklich. man ist arglos und redlich, wie eben hirten sind. nur die freiheit, die gelebt wird, ist ein gut. von diesen unabhängigen leuten ging der kampf gegen eine großmacht aus, der schließlich gewonnen wurde und zugleich dem kolonialismus die letzte stunde einläutete. die nomaden überrumpelten die ersten wüstenstellungen der französischen armee, um in den besitz von waffen zu kommen.

der politischen unabhängigkeit entspricht ihre soziale unabhängigkeit. sie werden nicht frei, um soziale sklaven, beamte oder facharbeiter zu werden, die in einem nicht vor? weil dazu eine bedingung fehlte, die vielleicht noch schwieriger zu erfüllen ist als die verwirklichung des rades selbst: die verwirklichung seiner bahn, seiner straße, seiner schiene. die erdoberfläche ist stock und stein. ein rad bleibt hier absolut nutzlos.

dafür hat die natur die kompliziertesten mechanismen erfunden. z.b. lebewesen mit stelzen, die sowohl fortbewegung wie niveauausgleich garantieren und dies im widrigsten gelände und bei unterschiedlichsten neigungen.

es wird noch einiger entwicklung der elektronik bedürfen, um ein gerät zu entwickeln, das ähnlich zielstrebig und anpassungsfähig sein kann wie ein zwei-, vier- und sechsbeiner. vorerst zieht sich der mensch an die straße zurück. seine zivilisation ist eine strangzivilisation geworden entlang der bahnen, leitungen, kabel, straßen und schienen, entlang der anderen hälfte des rades.

man denke nur an die bundesrepublik. ich kannte das land noch als einen streuverband flächig verteilter siedlungspunkte, dörfer und städte. mit der motorisierung, vor allem nach dem zweiten weltkrieg, traten die entwicklungsachsen hervor, vor allem der große strang von münchen über stuttgart, frankfurt, köln ins ruhrgebiet. auch im kleinen ist an einem fall wie dem illertal zwischen ulm und memmingen ablesbar geworden, wie entlang der straße ein dorf allmählich in das andere fließt. abseits der straße werden die dörfer kleiner, die räume verdünnen sich.

der vorteil des rades ist auch sein nachteil: es ist schnell, es greift auf ebenen straßen weit aus. es transportiert alles und jedes. aber eben nur entlang der straßen. die erde hört auf, eine oberfläche zu haben, eine fläche zu sein, sie wird zum netz. und die menschen versam-

42

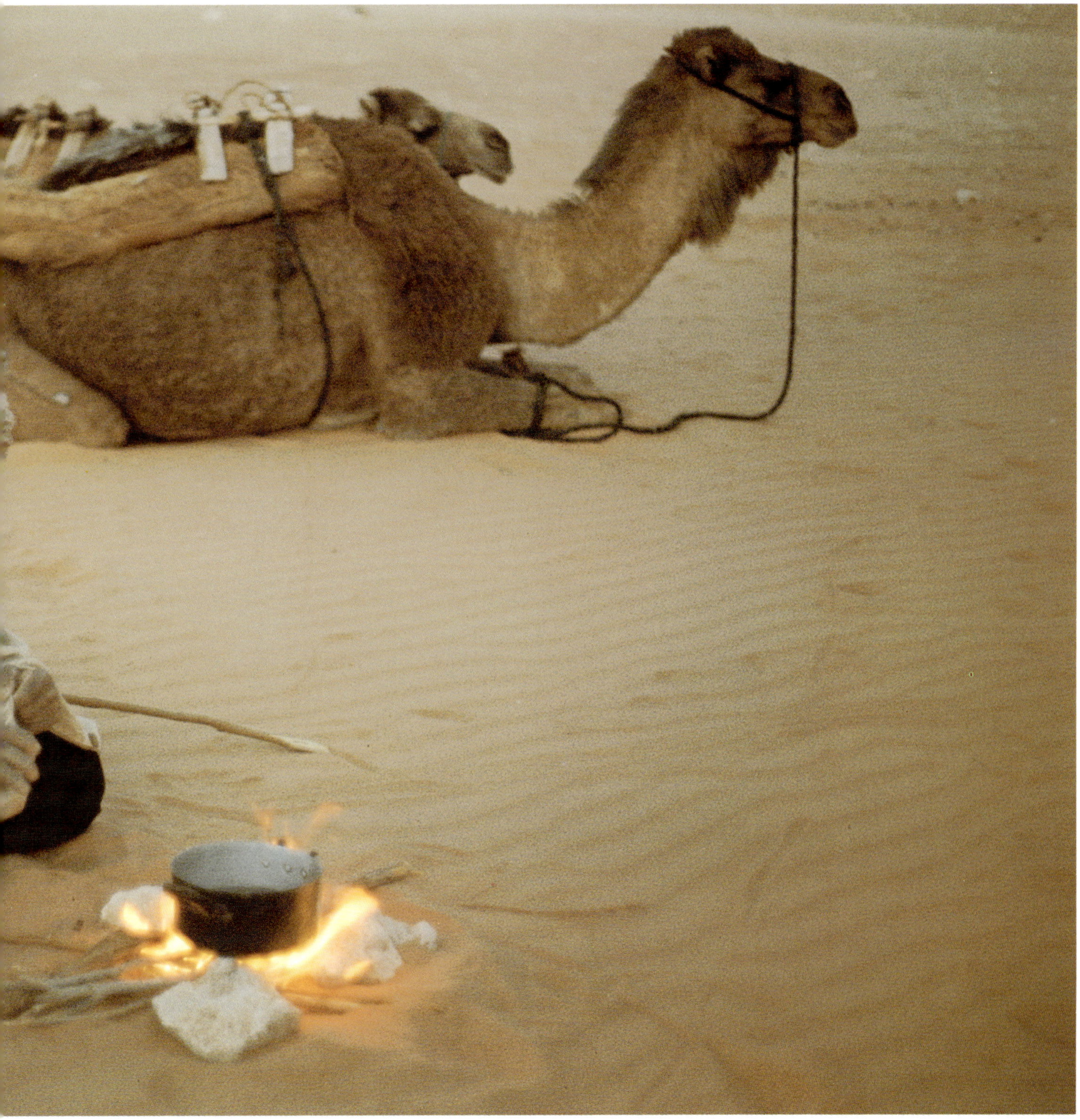

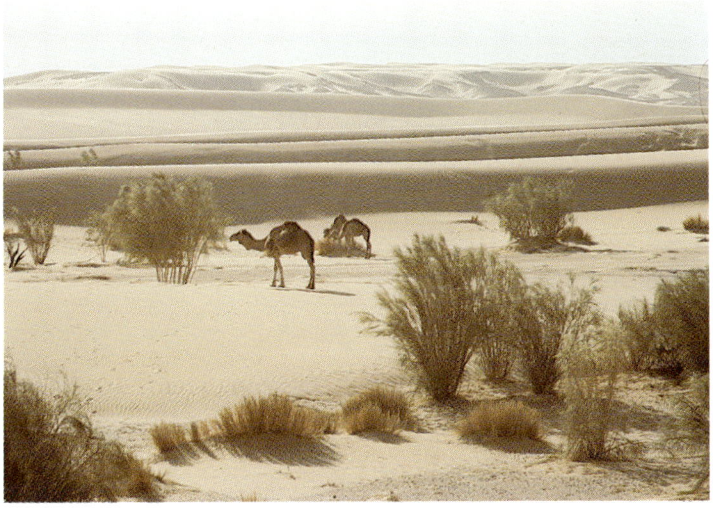

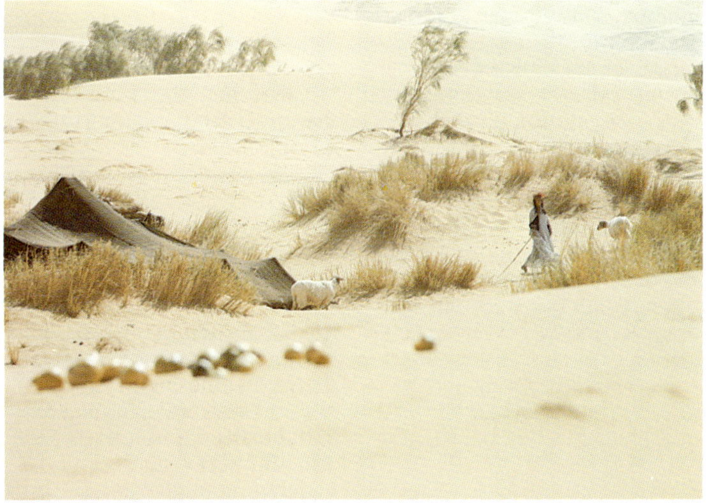

meln sich an diesem gitter. sitzen da und warten auf ein auto. entweder eines, das sie mitnimmt, oder eines, das sie ihr eigen nennen können, um dann auf diesen straßen entlang zu fahren und die große freiheit zu genießen. nicht nur unsere zivilisation ist eine in der struktur lineare geworden. der mensch selbst bewegt sich mit dem rad wie das rad, und hat seine natürliche bewegung (als grundlage seiner existenz) aufgegeben. in der sahara sterben kamel und pferd aus wie bei uns der gaul vor dem pflug. die menschen der isolierten oasen zieht es an die straße.

geht man aber abseits, hat man sich eine andere kleidung zu suchen.

wer auf der piste nach tamanrasset unterwegs ist, braucht auch keinen schesch mehr, kann ihn wohl auch bei der heute üblichen haarmähne nicht mehr tragen. dieses drei meter lange und 60 cm breite kopftuch ist bei extremeren bedingungen mit das brauchbarste, notwendigste, variabelste, anpassungsfähigste, funktionellste und zugleich gebrauchsfreundlichste

maße systemgebunden sind, daß ihre mobilität und
selbstbestimmung nur noch theoretischer art sind, de
facto dürfen sie tun, was sie müssen.

morgen gehe ich mit ali und zwei kamelen nach hassi inifel, so hundert kilometer von hier. was bei uns
undenkbar wäre, ist hier selbstverständlich. wir gehen
nur hin, um mal zu sehen. dafür hat man hier zeit, weil
man sich frei fühlt.

nach hassi inifel, nur so

zuhause würde auch ich schwerlich 200 km zu fuß gehen.
es gibt züge, autos, flugzeuge, das motorrad, den bus.
man ist umgeben von verkehr und verkehrsmitteln. der
apparat der ständigen ortsveränderung ist auch mein
apparat. der austauschgesellschaft verdanke auch ich meinen beruf und akzeptiere ihre transportmedien. jederzeit
überall sein zu können ist unser zivilisationsmaß. was
will ich da zu fuß gehen. als es mir der arzt angeraten hat,
habe ich es probiert. es kam mir affektiert vor. unange-
messen.

ebensowenig könnte ich mir die essensgewohnhei-
ten, die ich hier habe, zu hause aneignen, von einigen
korrekturen abgesehen. essen ist hier etwas in der sache
anderes. nicht, daß man nur weniger und einfacher ißt. es
hat einen andern kontext. wasser ist hier wirklich
soviel wie bier und wein. zu hause kennt man wasser
kaum mehr. es ist rohmaterial, rohstoff zum kochen
und waschen.

mit sieben bin ich noch barfuß gelaufen wie ein
nomadenkind und habe wasser getrunken. jetzt gibt es
nur noch säfte und getränke, vom cola bis zum wodka.
dabei ist es nicht nur der konsumzwang, der zum ver-
änderten verhalten führt. man ißt und trinkt aus anderen
gründen. primär als befriedigungsersatz. unser leben ist
so gestreßt geworden, daß es oft – ich kenne es zur genüge – nur noch das essen als ausgleich gibt. körperlich
lahmgelegt, geistig gehetzt, ist das essen zu hause fast
die umkehrung der hiesigen situation, hergenommen
wird hier zuerst der körper, und der anspruch, den er an

kleidungsstück, das ich kenne. man ist im laufe eines tages unterwegs in der größten
hitze und in der bitteren kälte
bei nacht, man ist allen arten
von wind ausgesetzt. muß augen und mund vor sonne und
sandsturm schützen, vor
allem übergänge wie vom
schwitzen zur abkühlung
anpassend kontrollieren und
korrigieren, will man nicht
zugerkrankungen oder erkältungen einheimsen.

ich weiß, was ein schesch
wert ist. zuhause leide ich
unter verbrannten lippen, vor
allem bei zuviel ultraviolet-
tem licht, und unter aufgeris-
sener haut. in der wüste unter
dem schutz des schesch brau-
che ich kaum mehr die
sonst unentbehrliche salbe.

einen schesch kann man
locker als schattenspender auf
dem kopf tragen und sich ein-
binden wie eine mumie, bis
auf einen schmalen seh-
schlitz. den leuten hier habe
ich einige arten des bindens
abgeguckt und bin ausrei-
chend mit den bindemetho-
den vertraut, die eine für

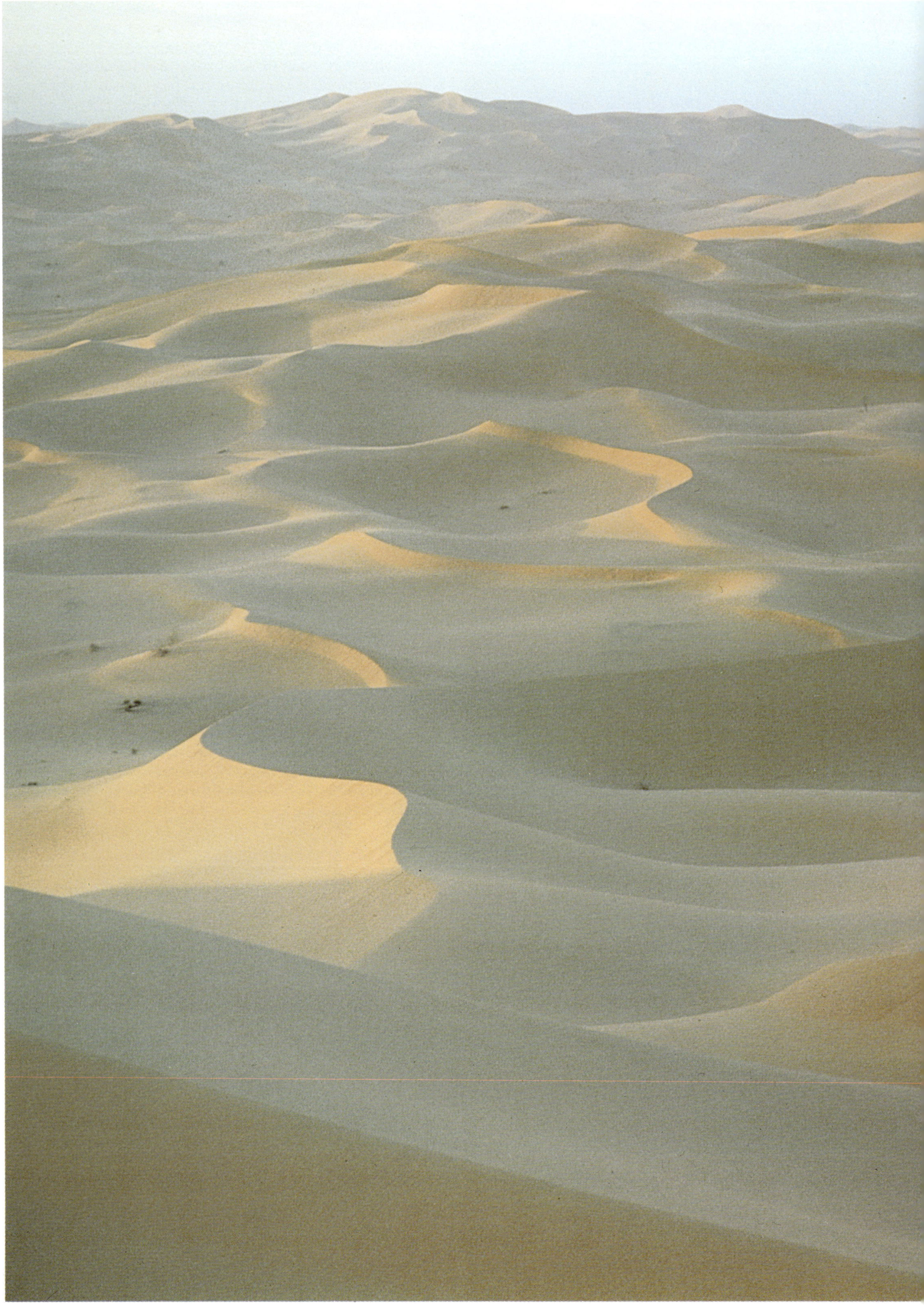

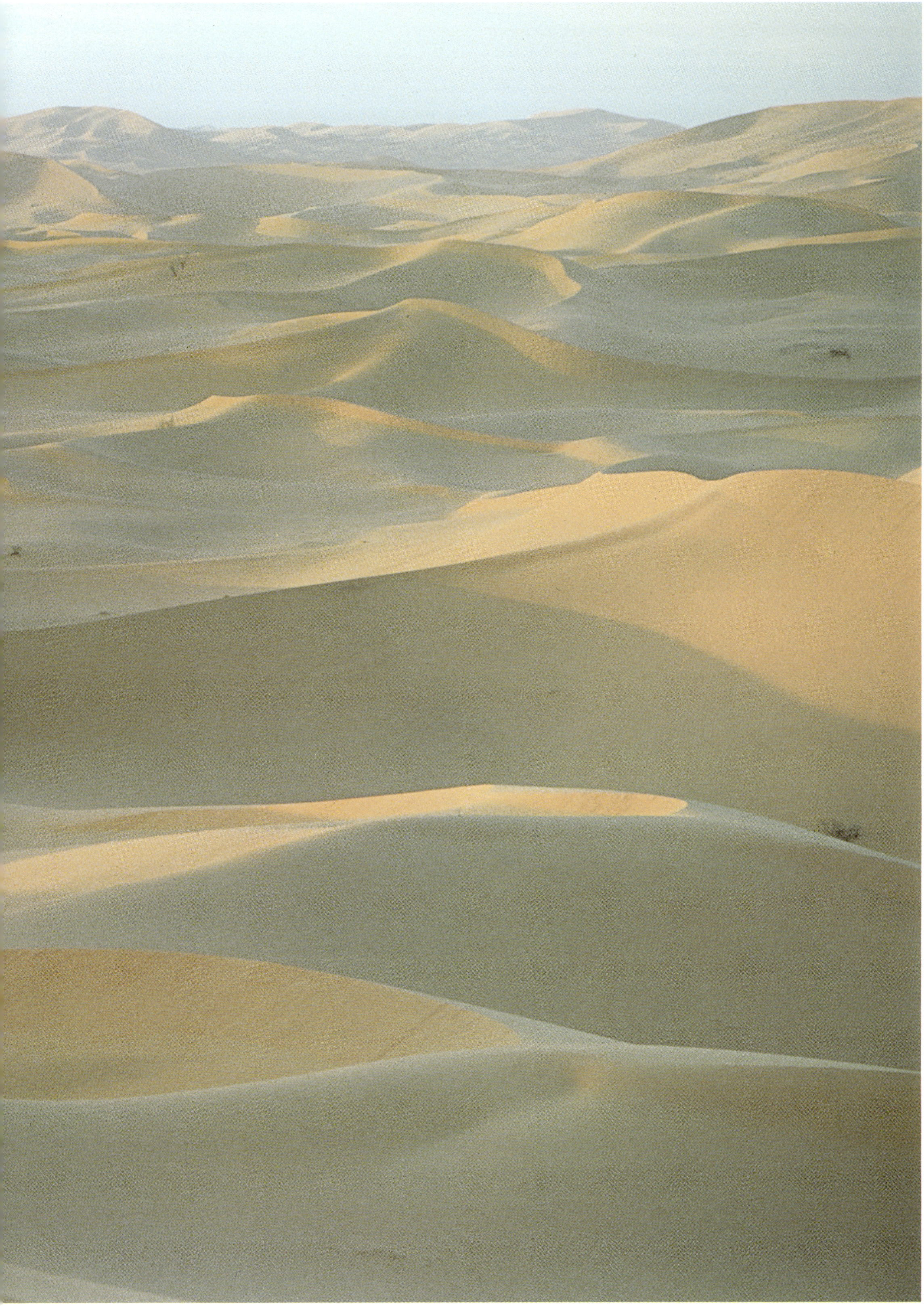

essen und trinken stellt, ist praktisch mit wasser und brot zu befriedigen. er nimmt es so dankbar wie wir zu hause das dreisterneprodukt. offenbar ist es dem körper sogar angemessen, ihn zu fordern. er rebelliert jedenfalls nicht, wenn er die hauptlast zu tragen hat, bei dem versuch, nach hassi inifel zu kommen. nur wer schweiß verliert, trinkt gern wasser.

und mein kopf hat auch seinen teil. es ist mir durchaus bewußt, in welchem kreislauf wir zu hause gefangen sind, und ich nehme mit genugtuung wahr, daß man gelegentlich ausbrechen kann.

nehmen wir das essen, um gar nicht von den psychischen und intellektuellen frustrationen zu reden. seit zwei, drei generationen gehen – um nur ein bekanntes beispiel zu nehmen – unsere zähne kaputt. grund: zuviel süßigkeiten, zuwenig ballaststoffnahrung. und da wir's gewohnt sind, erscheinungen zu korrigieren, nicht so sehr die ursachen, ist ein neuer zweig der medizin entstanden mitsamt der ihr zugehörigen hochspezialisierten technik, die zahnmedizin. und weil nichts so risikofrei und konjunkturell abgesichert ist wie die krankheit und das leiden, hat sich ein berufsstand entwickelt, der zu den bestbezahlten gehört, bezahlt wie minister: die zahnärzte. aber wer schafft es, aus diesem teufelskreis auszubrechen? sollen's die helden von morgen!

ich kann es nur hier in der wüste. aber vielleicht ist es auch etwas wert, es sehen zu lernen. nicht nur zu lesen, sondern zu sehen aus eigener positiver anschauung, einer aktiven anschauung.

hassi inifel

hassi inifel ist mir vom ersten tag an vertraut. allerdings nur von karten. es liegt in der mitte zwischen dem großen westlichen sandmeer, dem grand erg occidental und dem grand erg oriental. die beiden sandmeere sind getrennt durch ein flaches urstromtal, an dessen ende die tunesischen schotts liegen, ehe es in die große syrte des mittelmeeres mündet. am oberlauf kommen an einem punkt die verschiedenen arme aus dem plateau de tademait zusammen und bilden den oued mya, freilich nur in der formation, ohne wasser. und an diesem punkt liegt hassi inifel. gelegentlich tritt das grundwasser, das diesen

mich nötige anpassung möglich machen. allzu ästhetische varianten, die ich bewundernd beobachte und die es dem eingeborenen ermöglichen, sogar einen hochzeitsschesch zu binden, beherrsche ich nicht, somit nicht den teil der eleganz, die zur domäne des schmucks und der mode gehören. manche bildschöne gestalt ist eine solche durch ihren schesch.

der burnus hat eine ähnliche universalität. er läßt sich auf eine brustschärpe verkleinern und hüllt mit kapuze jeden so ein, daß er sich schlafen legen kann, wo ihn in der

wüste gerade die nacht überrascht. es ist auffallend, wieviel gestalten irgendwo kauern und liegen. der burnus gestattet es ihnen, eine unabhängigkeit von zu hause zu bewahren.

allerdings hat dieses kleidungsstück für den, der sein ganzes hab und gut in einem packsack auf dem buckel trägt, einen großen nachteil. es hat keine eingeschnittenen ärmel. stoff und schulterträge verknäueln sich, geben wülste.

an sich ist das grundprinzip: langes kleid mit kapuze ideal für den, der mit seinen beinen noch geht. der körper ist nirgendwo eingeschnürt. das wallende tuch ist ein ständig bewegter fächer und sorgt für kühlung wie für die beseitigung der ausdünstungen unserer ständig atmenden haut. ohne frage ist dieses kleid oder der rock hygienischer und körpergerechter als die hose. allerdings muß man zugestehen, daß man mit einem so lockeren kleidungs-

stück nicht mehr in der zivilisation rollender räder und maschinen leben kann. die gefahr ist zu groß, daß irgend ein zipfel tuch, das nicht an den körper antailliert ist, irgendwo hängen bleibt. aber glücklich der mönch, der unter seiner kutte, wenn überhaupt etwas, gerade noch einen slip zu tragen braucht.

vielleicht schafft die hitze auch extreme bedingungen. wem käme es bei uns schon in den sinn, seinen penis beim kleinsten geschäft sorgfältig zu reinigen, und sei es nur mit sand, der in der größten reinheit und ohne keime und bazillen überall vorhanden ist. ausdünstungen des körpers haben in der wüste einen anderen stellenwert als zuhause und werden schnell lästig, wenn man sich nicht die reinlichkeit einer katze angewöhnt.

jetzt, wo die pisten durch geteerte straßen ersetzt werden, auf denen die großen trucks mit rohren für ölleitungen dahindonnern, ändert sich auch die kleidung der wüste.

ouargla ist eine industrieoase im erdölgebiet an der gabelung zweier großer straßen. hier sind die burschen angezogen wie die in einer ruhr-kneipe und wie es elvis presley vorgemacht hat. es ist fein, westliche kleidung zu tragen. auf dem markt wird kaum mehr die klassische kleidung angeboten, dafür um so mehr billigste

die funktionale übereinstimmung zwischen einem lebewesen und seiner umwelt ist beim kamel so direkt, daß es außerhalb der wüste deplaziert erscheint. seine eigenartige form entschlüsselt sich, wenn man das kamel unter den extremen bedingungen der wüste erlebt. leider droht es auszusterben.

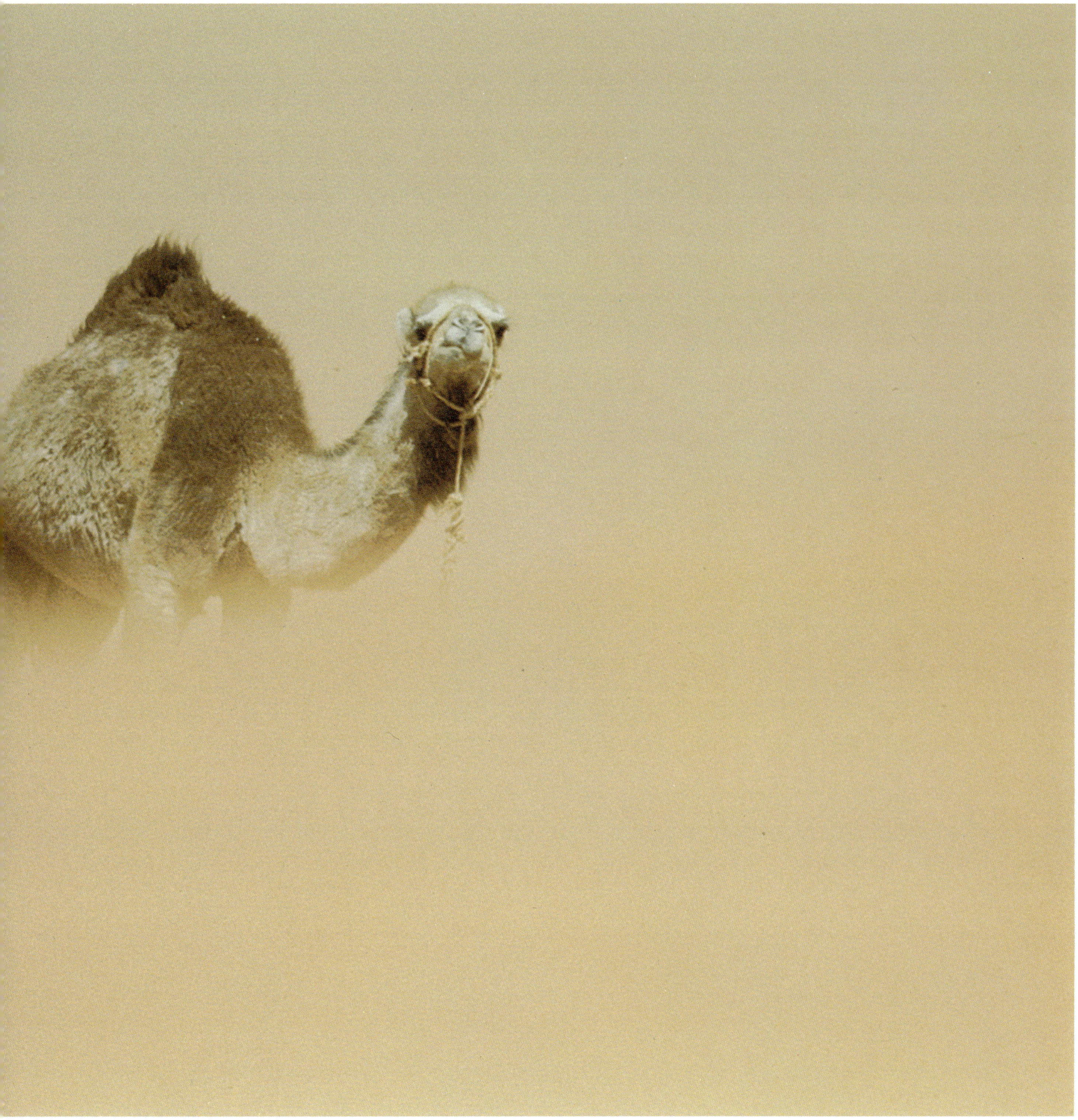

jacken und hosenkonfektion direkt aus dem karton der lieferwagen.

beim gehen ertappt man sich, daß man immer wieder an seine kleidung denkt. wie schuhe besser sein könnten, kittel oder hosen. man träumt von taschen und von nähten, die richtig sitzen.

man hat es sich schließlich etwas schwerer gemacht: man geht nicht nur für ein paar stunden, sondern den ganzen tag – und: man trägt all seine habe mit sich.

das macht unbeweglicher und schon hat man das problem, daß alles an dem platz sein sollte, wo man es je nach bedarf am leichtesten fassen kann. deshalb: taschen und nochmals taschen. eine so strapazierte kleidung braucht eine besondere verarbeitung. ausgeklügeltes material.

sich kleiden macht in der wüste kreativ und erfinderisch, und es lehrt sehr genau zu beachten, wie es die alten gemacht haben, auch dort, wo das resultat selbst nicht zu übernehmen ist. manchmal ist das prinzip aufschlußreicher als das produkt oder gar die erscheinung.

sicher ist, die kleidung gibt es noch nicht im laden, die einem optimal behilflich ist, dorthin zu kommen, wo das rad nicht mehr hin kann, und die welt der dünen ist dem rad versagt. in die regionen des ewigen schnees und eises rollen schon die kabelrollen der seilbahnen. in die sandmeere kommt man nur zu fuß.

schuhe

strom entlang zieht, an die oberfläche, so bei den schotts, aber auch bei touggourt und bei ouargla. kein wunder, daß die karten bei hassi inifel brunnen verzeichnen.

den oued mya entlang zieht auch eine karawanenstraße aus dem nordosten in den hoggar und weiter zum niger. eine andere kommt von westen und geht weiter nach osten richtung libyen.

nachdem ich im souf die ersten autofreien städte gesehen habe, es waren freilich mehr dörfer als städte, aber jede mit einem aussehen, als wär's jerusalem, stellte ich mir auch hassi inifel als autofreies nomadenzentrum vor, mit kamelen, markt, palmen. keine karte verzeichnete eine piste oder gar straße. nur karawanenwege führten auf hassi inifel zu.

verzeichnet waren in den karten auch eine moschee, eine alte und eine neue festung.

ich malte mir besonders den abend aus.

aber auf dem weg trafen wir nicht eine spur. nur am oued saret sahen wir ein nomadenzelt. und je weiter wir zogen, zwei tage lang, um so einsamer, unheimlicher und unwirklicher wurde die gegend.

den rand des talbeckens von hassi inifel erreichten ali und ich reitend auf den kamelen. es war der zenit des tages. blendendes licht, erstorbenes leben, schattenlose berge. und wie wir ein paar meter tiefer kamen, eine glut zum ersticken. ein offenes rund, ringsum vereinzelte hohe dünen, sonst abgeflachte kalkrücken. der gelbe sand vermischte sich mit dem weiß des kalkes zu einem blendenden hohlspiegel.

in der mitte ein flaches bauwerk. beim näherkommen schnell als französisches wüstenfort von etwa 20 mal 20 metern zu erkennen. daneben der brunnen. und im talgrund sage und schreibe: bäume. aber kein mensch. etwas schrott. eine raupenkette eines panzerfahrzeugs. der brunnen war leer.

wir gingen die paar meter zum talgrund, wo verstreut die bäume standen, jahrhunderte alt, eingeengt zwischen frisch angewehten dünen. aber weit und breit kein brunnen, kein lebenszeichen.

schließlich fanden wir doch noch einen. auf der gegenüberliegenden seite des flußbetts stand eine zweite halbzerfallene festung, etwa von ähnlichem ausmaß. und davor, mitten im wadi, ein brunnen. leer. drum herum

die schuhe zu finden, die man für die wüste braucht, ist ein glücksfall. im handel gibt es sie nicht. man muß sportgeschäfte, jagdgeschäfte durchforsten, bis man eine annäherung an den bedarf findet.

dabei sind schuhe, wie man sich denken kann, das wohl wichtigste gebrauchsgut neben rucksack und schlafsack. die bekleidung insgesamt verliert dagegen an bedeutung, ausgenommen der schesch. schließlich ist es gar nicht so schwer, ein bedarfsprofil des schuhes aufzustellen, wie man ihn für die wüste braucht. die wichtigsten gesichtspunkte sind

– er muß bis unters knie reichen, zum mindesten halbhoch sein, weil man oft in weichem sand watet.

– er muß schnürbar sein mit hakenösen, weil man den schuh oft aus- und anzieht, auch nachts. schnürsenkel in ösen einzufädeln, geht nicht.

– er muß leicht sein, ohne fütterung, weil die füße unter hitze zu leiden haben. schön wäre ein schuh aus textilgewebe, mit leder gefaßt.

– er muß eine kräftige profilsohle haben, weil man tagelang über geröll- und steinwüste zu gehen hat.

– er muß erstklassig verarbeitet sein. ein schuh, der kaputt geht, stellt einen vor die simple frage: wie aus der wüste herauskommen?

– die verarbeitung muß garantieren, daß er fest sitzt oder fest gebunden werden kann, um vor verstauchungen zu schützen. auch das wäre womöglich eine existenzfrage: wie schafft man den rückweg aus der wüste mit einem verstauchten knöchel?

– der schuh muß schließlich eine gute paßform haben. er darf nirgends druckstellen erzeugen, die zu blasen führen können: fest um knöchel, ferse und spann und mit spielraum für die zehen.

ein glücklicher umstand brachte diese beschreibung

im gegensatz zur weite und unermeßlichkeit der wüste schafft ein feuer am abend einen kleinen innenraum. man fühlt sich geborgen und wird mitteilsamer.

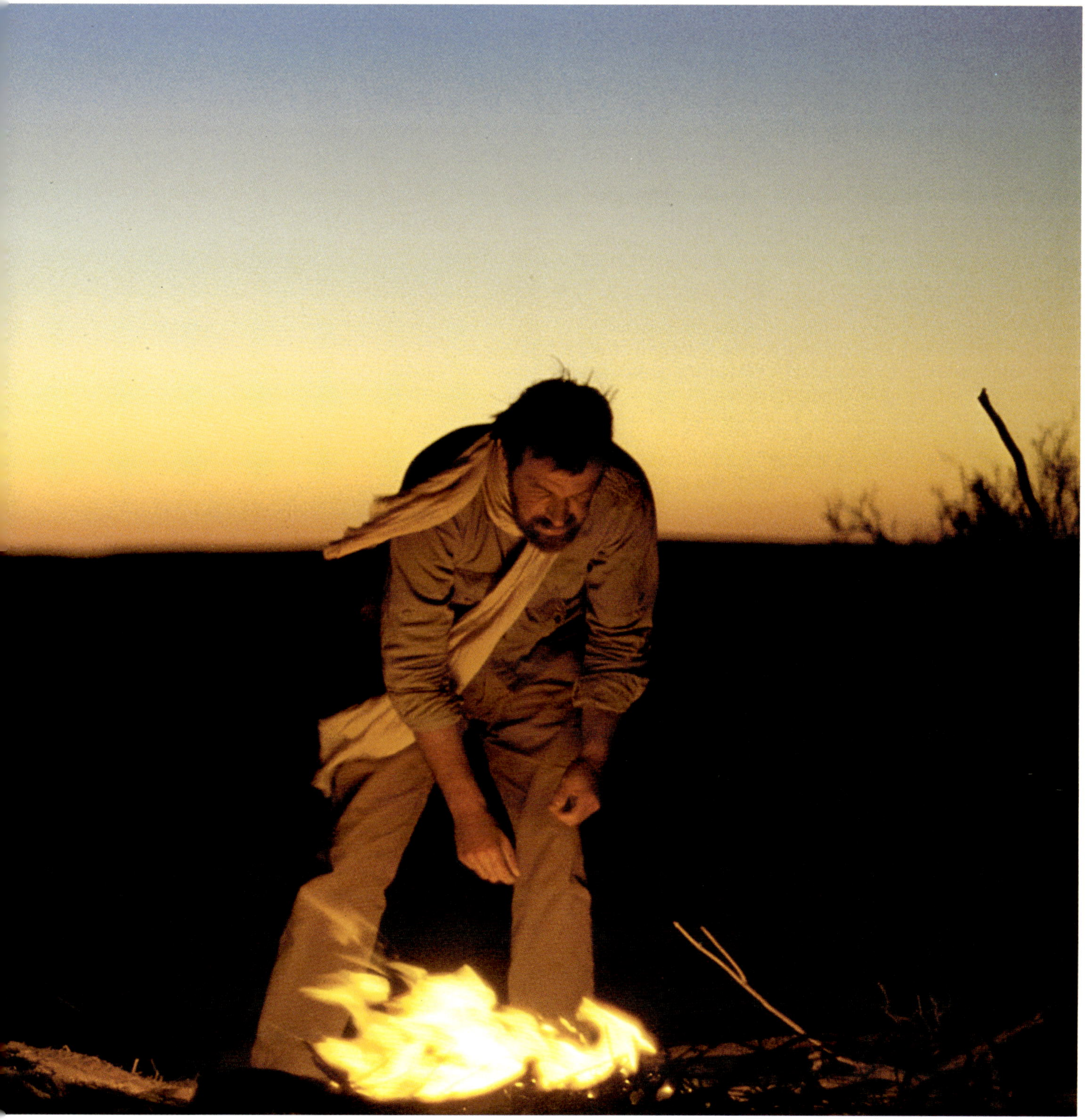

die kleinen, kugeligen hinterlassenschaften von hunderten von kamelen. aber kamele gibt es fast keine mehr. verlassenheit und leere stellte sich ein. die welt hier war das all kurz vor seiner schöpfung. die erde war wüst und leer, heißt es im buch moses . . . und es ward licht.

es ist evident, daß es einen zusammenhang zwischen denken und landschaft gibt. landschaften bringen ihre eigene art von gedanken hervor. unsere schöpfungsgeschichte kommt aus der erfahrung der wüste.

ich hatte noch acht wasserflaschen im packsack, acht liter. ali hatte seinen halbvollen wasserschlauch am kamel hängen. passieren konnte nichts. wir gingen ans erste ufer zurück und ruhten uns aus. ali ging mal hier hin, mal dort hin. er suchte.

trotzdem nahm einen dieser ausgebrannte kessel voll hitze und licht, diese geschichtsruine, diese trümmer einer ruinösen politik, dieser letzte rest eines nomadenzentrums, gefangen. hier im aufstand der berber wurden einer weiteren großmacht ihre kolonialen ansprüche ausgetrieben.

als drittes gebäude, noch intakt, stand abseits auf einem hügel die kleine moschee des sidi abd el hakem. vier mal vier meter groß und doch ein monument.

nach einer stunde kam ali wieder: wasser, ilma! in der fortruine auf der anderen seite gab es noch einen brunnen, mehr schrott als brunnen, aber noch in betrieb, geschützt vor den sandstürmen.

zuerst die kamele, dann die wasserflaschen, zuletzt gab ich mir ein bad, stehend. jede menge wasser. bestes wasser, ohne beigeschmack. frisches wasser. kübelweise.

hassi moussa

auf dem rückweg von hassi inifel ließ ich ali mit den beiden kamelen allein weiterziehen. ich machte einen abstecher nach hassi moussa. vor einem jahr habe ich mit manuel den brunnen gesucht, aber nicht gefunden. wir mußten umkehren, unser wasser reichte nicht. ein halbes jahr später, eberhard war dabei, stießen wir endlich auf den brunnen. und jetzt, nochmals ein halbes jahr später, hätte ich ihn fast verfehlt. er war zugeweht. und da die nomaden weniger werden, gibt es weniger menschen, die brunnen brauchen und in ordnung halten. die brunnen veröden.

hassi moussa ist so etwas wie ein zentralort des erg bent chaouli. er liegt zwischen den beiden großen dünenzügen, die von norden nach süden laufen, am über-

an einen weltbekannten sportschuhhersteller, versehen mit einer zeichnung, gedacht als vielleicht nicht uninteressante problemdarstellung. nichtsahnend erhielt ich eines tages ein paket mit genau diesem schuh. leider blieb es ein nicht käufliches einzelpaar. dieser schuh hat alle strapazen der wüste auf seinen sohlen und wird seine dienste ohne bruch und schaden beenden, wenn er in das museum des herstellers zurückkehrt. die erfahrungen, die mit ihm gemacht wurden, wären es wert, in einen weiteren prototyp einzugehen. denn ein schuh dieser beanspruchung ist kein objekt mehr, sondern subjekt. er ist ein teil von einem selbst. eine zweite haut. er verdient, seine beste fassung zu finden in einer ständigen weiterentwicklung und peniblen verfeinerung.

ich habe den vorteil, in einer gegend zu wohnen, wo es noch einen richtigen schuhmacher gibt. ein zweites paar meiner wüstenschuhe ist bei ihm in ständiger pflege. er kennt sie, als wären es die schuhe einer ballerina.

nach zwei exkursionen sind in der regel die sohlen ruiniert. ein paar hundert kilometer über weglose geröllwüste reichen aus, die kräftigste profilsohle zu zerschleißen. auch die brandsohle kann mal schaden nehmen. nähte sind zu erneuern.

dieser handwerker weiß nicht, was ich ihm verdanke. mit einem guten schuh kann man ans ende der welt gehen, mit einem schlechten ist es nach ein paar stunden aus.

ein teil des schuhwerkes sind die socken. hier gilt die einfache regel: alle zwei tage wechseln. nur naturfaser. kunstfaser hat keine saugfähigkeit: die haut wird feucht, weich, löst sich.

der rucksack der klassische rucksack hängt an den schultern. inzwischen gibt es eine wesentliche weiterentwicklung: die last wird zu gleichen maßen auf schultern und becken verteilt mit hilfe eines gürtels, auf dem der rucksack aufsitzt. die lastverteilung ist dabei sicherer gewährleistet mit einem leichten rohrrahmen. dieser packsack hat vorteilhafterweise zwei unterteilte hauptfächer und vier außentaschen, alle leicht zugänglich, verschlossen mit sandfesten reißverschlüssen.

damit der rucksack nicht wippt und schlenkert und auf schultern und becken gleichmäßig verteilt ist, muß der schulterriemen während des gehens verstellbar sein. in der regel gibt man dem rucksack die richtige pressung, sobald man ihn aufgesetzt hat.

schlafsack mit zeltplane und schaumstoffunterlage werden separat am rohrrahmen befestigt, entweder in einer oder in zwei rollen.

ein rucksack in dieser qualität ist nicht der billigste. aber er macht sich bezahlt. auf jeden fall genügt es nicht, ins nächste sportgeschäft zu gehen und sich einen packsack zu kaufen. ich habe jahre gesucht, bis ich das richtige modell hatte. ich fand es bei einer großen sportartikelmesse in der hintersten ecke. es muß von leuten gebaut worden sein, die den mondwagen für apollo 11 entwickelt hatten.

rucksack, schesch und schuhe sind das wichtigste equipment. der schesch kostet ein paar pfennige. dafür sollte man allen aufwand auf schuhe und rucksack legen. den rucksack hat man oft tagelang unter widrigsten umständen auf dem buckel und legt ihn nur am abend ab. er enthält alles, was zum überleben notwendig ist, das essen, vor allem das wasser. die eigene existenz kommt mit dem rucksack zur deckung. man kann sich so lange in der wüste aufhalten, wie wir im rucksack gewicht zuladen können, vor allem wasser.

ärgerlich sind reparaturen. früher waren sie gelegentlich nötig, als wir noch übliche handelsware trugen. sogar der rohrrahmen ist uns schon gebrochen. laschen gingen ab, schnüre brachen. den gebrochenen rahmen haben wir geschient und mit tesafilm gebunden. es ging. nachts liegt

gang des karawanenwegs von el golea nach hassi inifel, gerade halbwegs. der platz ist besonders schön. es gibt ein paar sträucher und büsche. unter einem großen baumartigen busch haben wir drei im herbst einige tage verbracht. eberhard hat hier die denkwürdigen feuer gemacht, als manuel und ich uns in der nacht verirrt hatten. als wir morgens dann ankamen – an einem sonntag – gab's heißen tee. wir hatten einen kleinen pott mitgebracht, eine packung tee und eine schwedische packung zucker. ehe wir aufbrachen, zurück zum flugzeug nach el golea, packten wir tee und zucker in eine plastiktüte, hängten sie an einen stab an der feuerstelle, dazu den pott mit einem zettel: ›freunde waren hier, 24. 11. 77‹, in französisch, englisch, deutsch und quasi-japanisch. mit einer zweiten tüte machten wir eine fahne und steckten sie auf die kleine düne davor, um damit vorbeikommende auf die wohltat aufmerksam zu machen.

ich wollte sehen, was daraus geworden ist. von weitem sah ich, daß unser strauch fast eingegangen war. die fahne entdeckte ich im sand, und prompt: topf, tee und zucker hingen brav an ihrem stab. der zucker war nach einem halben jahr wie einst. es gibt hier kaum luftfeuchtigkeit. zwischen topf und deckel war ein kleiner spalt, groß genug, um in sandstürmen den topf halb mit sand zu füllen.

niemand war vorbeigekommen.

fort miribel

es mag hundert jahre alt sein. ein viereck von 60 × 40 m, gebaut wie ein ksar, die berber-burg. erbaut von einem französischen baumeister, der vielleicht schon bei der errichtung der älteren forts von verdun tätig war. an allen vier seiten liegen eingeschossige wohnzellen von vielleicht 3 × 4 m, die zugleich die außenmauer des forts abgeben. innen ist ein hof mit brunnen. jede zelle hat zwei schießscharten, die decke ist eine halbtonne, die quer zur außenwand steht. im norden ist die nächste siedlung 140 km entfernt, el golea, im süden 280, in salah. nach westen und osten kommt nichts. das fort liegt an der alten transsahara-route, die vom mittelmeer, von algier, zum niger führt. daher seine bedeutung. das groteske ist der fühlbare widerspruch zwischen größe und bedeutung.

was tut ein winziges fort in einer menschenleeren gegend, die wie ein kontinent der leblosigkeit ist.

es gibt wasser.

das fort liegt über einem nicht sehr tiefen flußtal, das aus der trostlosen hochebene von tademait herausführt und im untergrund das ganze jahr über grundwasser führt. gutes wasser. ist man da, fühlt man das besondere. geschichte ist da. das außergewöhnliche macht sich bemerkbar wie in der stunde des pan.

eine kleine gruppe palmen steht um den brunnen im talgrund. auf der anderen seite eine kleine moschee. das fort wirkt fast wie ein kloster. und wer hier soldat war, hat unter belastungen gestanden. das fort als kloster des kolonialstaates. unfreiwilliges kloster. das kloster der fremdenlegion. hier wurde die armee zum orden. ohne glauben, und sei es nur an den staat, die nation, la patrie und seine gloire, war das nicht auszuhalten. nur mit dem mechanismus der irritation ließen sich menschen finden, die hier macht, herrschaft und geschäft verteidigten, wenn's gewollt wurde, sogar mit ihrem leben.

grotesk.

grotesk und unheimlich zugleich. denn dieses system ist heute noch wirksam. noch heute funktioniert das staatswesen, indem man dem hund eine wurst vor die nase bindet und ihn so zum laufen bringt. das bedürfnis, ziele zu haben, zu glauben, wird noch genauso mißbraucht.

ringsum ins endlose nur steine. ebene steinwüste. kein baum, außer den paar palmen am brunnen. kein haus, keine hütte. die besatzung mag 50 mann betragen haben, dazu noch der troß, das ganze eine kompanie.

zuerst läuft man nur so umher. beginnt man aber, sich mit dem bau zu beschäftigen, entdeckt man in der architektur nicht nur die erstellung von unterkunft, sondern modell und symbol der armee, des militärs. nicht weil es ein fort ist. der bau als wehranlage ist nicht einmal so imponierend. der bau zeigt, wie die armee als instrument des staates im innern funktioniert hat. ihre struktur wird deutlich. der festungsarchitekt hat ein musterstück an militäraussage geliefert. und dem system eine adäquate form gegeben. nicht pathetisch, sondern durchaus funktionell.

auf der einen, westlichen seite liegen die kammern der mannschaft, auf der andern die der offiziere. aber mit einem feinen unterschied: die der offiziere liegen um 40 cm höher. längs durch den innenhof zieht sich eine stufe, die zwei plattformen schafft, etwas näher an den offizierskammern, so daß die plattform der mannschaft

---

der rucksack am kopfende, immer greifbar, als schutz gegen wind und sand. mit zwei schräg gegeneinander gestellten rucksäcken kann man fast ein zelt bauen, auf jeden fall hat man so ausreichend schutz gegen wetter und sturm.

die riemen am rucksack zur befestigung des nachtlagers löse ich nie ganz auf, sondern öffne sie nur bis zur äußersten stellung. oft bricht man nachts auf und kann dann keine riemen einfädeln.

überhaupt riemen! man braucht die mit den besten rollschlössern. nylonriemen haben sich sehr bewährt. und wo eine öse am rucksack ist, stecke man einen reserveriemen dazu. es gibt immer was zum binden, festzurren oder aufhängen. alle riemen am rucksack zusammengenommen sollten ein seil von fünf bis acht metern ergeben. auch das kann mal nützlich sein. was tut man, wenn in sidi abd el hakem am brunnen kein seil hängt?

hitze der weg zum grab von père foucauld führt durch palmengärten. wir suchen unsere route von schatten zu schatten. der himmel ist makellos blau. die sonne ist allgegenwärtig und gnadenlos. trotzdem ist auffallend, wieviel der schatten von ihrer brutalität nimmt. ein frischer wind kommt auf. auch er kühlt. demnach ist die hitze eher eine folge der strahlungswärme. die luft ist ohne dunst trocken

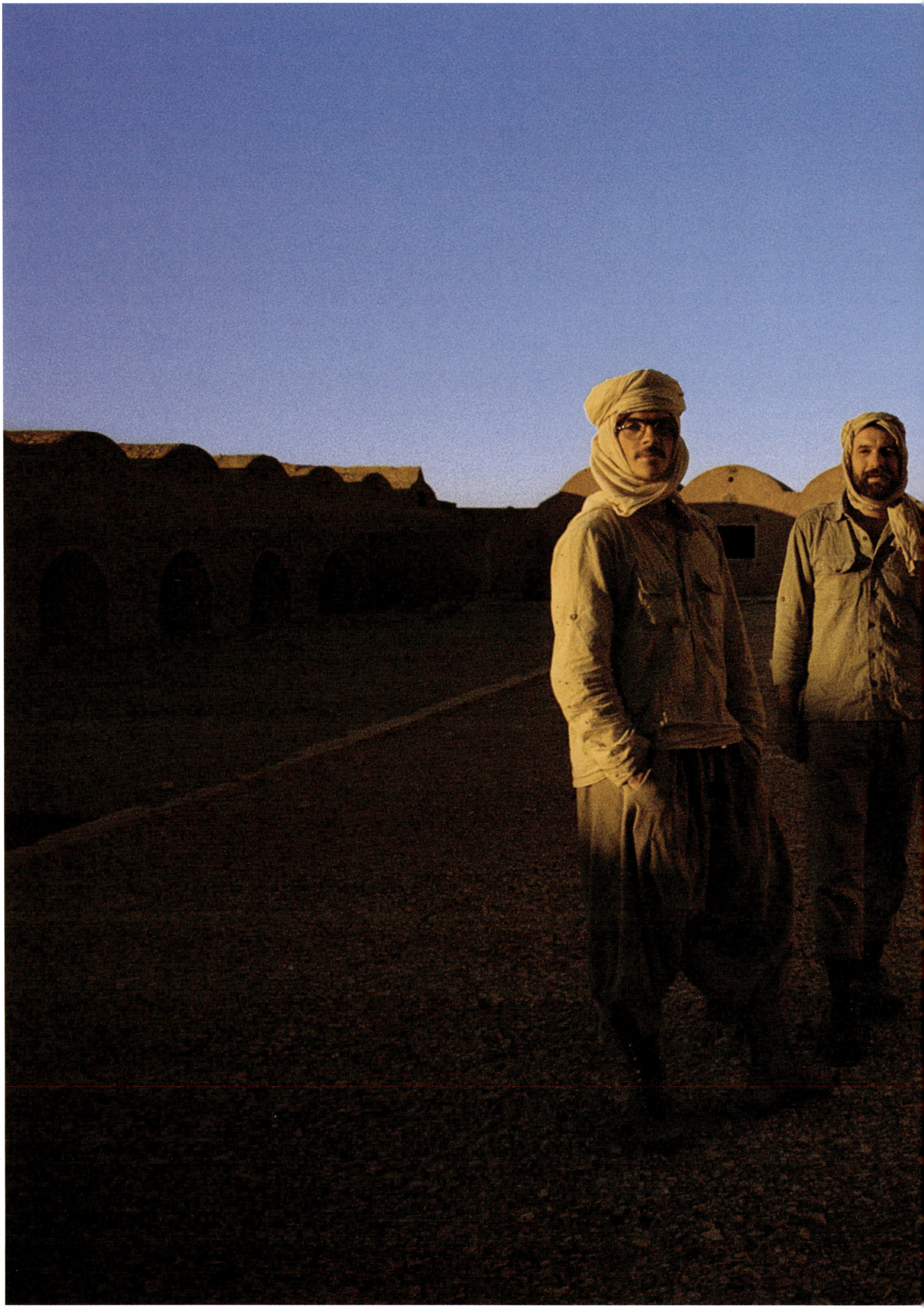

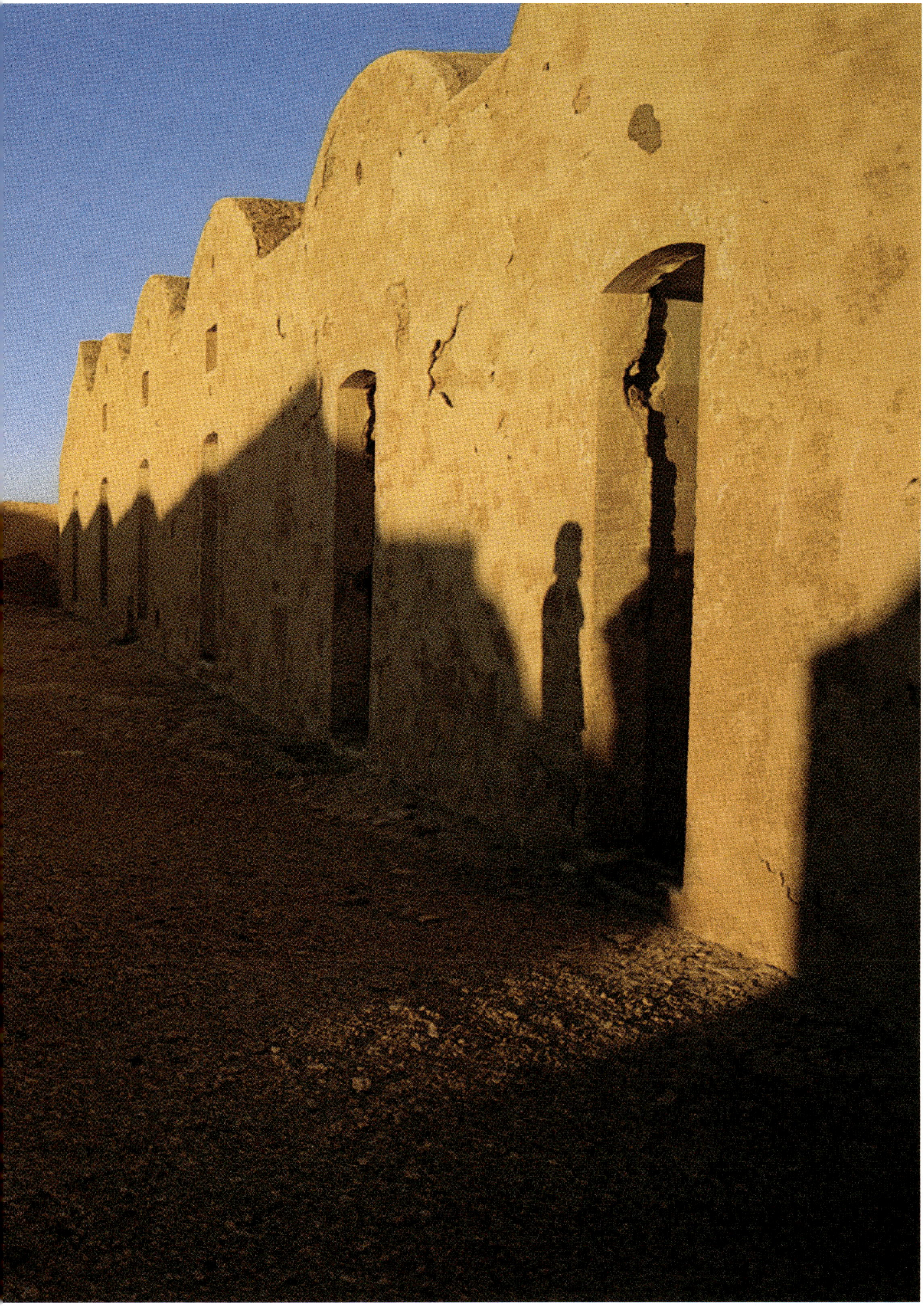

etwas größer war, ihrer zahl und dem platzbedarf des appells angemessen. man durfte zum offizier aufsehen. er stand immer auf dem podest, bewegte sich auf dem podest. diese stufe war keine stufe einer normaltreppe mit 17–20 cm höhe. sie war doppelt so hoch, nur mit großem schritt zu überwinden. kein zaun hätte abweisender sein können. aber es war kein zaun, es war keine unüberwindliche trennung. man konnte theoretisch immer rauf und runter gehen und egalität praktizieren. aber eben theoretisch. damit wurde das oben und unten erst richtig manifestiert.

auf der einen seite wohnen die auserwählten. die abiturienten, die akademiker, die söhne des bürgertums mit wissen um theben und cannae, auf der andern die volksschüler, die bauern, handwerker, arbeiter. die macher.

sie mußten ja auch den krieg machen, zusammen mit den korporälen. sie sahen dem feind in die augen. die offiziere dienten dem sieg mit dem mittel der strategie. der landser mußte schießen und treffen. die waffe des offiziers war der befehl, der strategie in taktik umsetzte.

die blickrichtung des offiziers war der generalstab. das war sein bezugsfeld. von dort erfuhr er mehr über den feind und was zu tun ist, als aus dem gelände, aus dem feuer aufblitzte. der soldat hatte kein wissen über den krieg. er kannte keine absichten, keine kräfte, keine bewegungen. das wissen floß nicht über die stufe herab, es blieb an den offizier gebunden und gab ihm seine eigentliche rechtfertigung. aus dem, was sich an krieg eigentlich abspielte, besorgte sich der offizier zuerst informationen. er selbst griff in den krieg nicht handelnd ein. er bewegte sich nicht. er dirigierte. schießen und erschossen werden war sache derer von der unteren plattform.

die kammern der korporäle lagen im fort miribel auf der südlichen schmalseite des vierecks, wo das tor war, dem tal zu. auf der andern schmalseite, im schattigeren teil, lagen küche, kasino und keller. waffenkammern und arsenalräume lagen auf der offiziersseite. an sich waren alle kammern gleich groß. das gab dem fort einen egalitären charakter, wie die uniform alle soldaten gleichmacht. aber man weiß es ja: in der mannschaftskammer schliefen vier mann. bei den unteroffizieren zwei. und der offizier war allein. der haut des soldaten wurde ein einfacher hosenstoff zugemutet, die haut des offiziers erhielt ein feines tuch. haut ist nicht gleich haut.

die homogenität des ganzen baues, die der homogenität einer armee zu entsprechen schien, erwies sich in wirklichkeit als von oben gelenkte funktionshierarchie mit schroffen kasten, die auf einem extremen informationsgefälle beruhten. der antrieb des soldaten war seine künstlich erzeugte dummheit. die befehlsstruktur, die rei-

und ohne hemmung für die strahlung. die luft selbst ist gar nicht so heiß. wenigstens jetzt noch nicht. ein wind schafft kühlung.

allerdings, als wir durch die schwarze pfanne gingen, stunden für stunden über schwarzes kieselgestein, ringsum von dünenzügen abgeschirmt, ohne einen hauch von wind, war die wärme der luft wie zum schneiden. die hitze hat aus der luft materie gemacht, fühlbaren stoff, der einen umschließt.

wir sahen nicht nur fata morganas. die hitze über dem schwarzen gestein erzeugte ein schauspiel wie einen film. riesige würmer und raupen flossen über die kiesebene, buckelnd und wellend. dann sah es wieder aus, als ob schwarze ströme fließen würden, manchmal abgebrochen wie quecksilbertropfen.

über uns stand eine gewaltige sonne, ein gestirn, ein glühendes strahlendes gestirn. man spürte sie, aber man sah sie nicht. man blickt nicht auf. man schaut zu boden, weil das licht blendet. trotzdem bildete die haut, wo sie nicht bedeckt war, blasen. den schesch tragen wir deshalb auch um den mund gebunden.

mit dem wasser brauchten wir nicht zu knausern zu sein, weil unser weg direkt zu einem brunnen ging. trotzdem war ich überrascht, wie rasch wir einen zweiten halt einlegten, um zu trinken. schließlich brachen wir die zweite feldflasche an. jeder schluck war gier und mäßigung zugleich. man wollte sparen und doch nicht absetzen. so kam kein schluck zum normalen ende. keiner wurde beendet in dem gefühl, absetzen zu müssen, weil man genug hat, weil man satt ist.

die last des rucksacks wurde immer größer, die schritte kleiner. wir sprachen kein wort. als manuel sagte, ich glaube, ich muß wieder trinken, willigte ich wohlwollend

bungslos arbeiten sollte, war nur in gang zu halten, wenn auf der einen seite die waren, die nichts wußten und auf der andern seite einer, der alles wußte.

natürlich war der soldat oder der korporal nicht dümmer als der offizier. bei den stoßtrupps, den gruppenaktionen, den finten und stechen des krieges überließ man soldaten und korporäle ihrer eigenen vernunft. dort, wo es um die wirklichkeit des krieges ging, nicht um seine abstraktion, setzte man verstand voraus. dazu schlauheit, fixigkeit und schnelligkeit. aber hätte man der mannschaft das wissen des offizierscorps anvertraut, wäre die blindheit des apparates kaputt gegangen und damit seine effizienz.

fremdenlegion. disziplin der landsknechte noch unter brutalen bedingungen. selbstaufgabe und stolz, daß man auch in seiner unnatur noch agieren kann.

offiziere und mannschaften aßen getrennt. die kantine der leutnants ist eine andere als die der mannschaften. die witze der offiziere drehen sich um frauen, die der mannschaften um weiber. die wahl der ausdrücke ist verschieden. die mannschaften, auch das fein ersonnen, aßen in ihren kammern. zusammentreffen durften sie nur beim antreten auf dem hof. die offiziere hatten einen eßraum mit großem französischem kamin und einen clubraum.

im keller, ebenfalls in stein gehauen, sind die auflager zu sehen für die weinfässer. man darf davon ausgehen, daß mannschaften wie offiziere ihren wein tranken. dem deutschen kommiß stand hier noch die unterscheidung zwischen wein und bier zur verfügung. daß hier alles seinen wein hatte, alle ihr weißbrot, rührte mich plötzlich. wenigstens ein dokument dafür, daß menschen im grunde gleicher sind, als sie sein dürfen.

zugegeben, ich bin viermal zu einem offizierslehrgang abgestellt worden und habe viermal abgelehnt. ich habe den krieg an der basis mitgemacht, soweit ich mich nicht absetzen konnte. ansonsten hätte ich vielleicht die stufe im innenhof des forts einer geologischen schrulle zugeschoben.

eberhard und ich phantasieren, ob man aus dem fort eine bleibe machen könnte, die fortifikationsarchitektur ist stimulierend. aber wir schrecken vor dem platz zurück. ringsum nichts als steinwüste. und die sonne brennt einem auf die dauer das gehirn aus.

nächstes projekt

können wir in zehn tagen 400 km gehen?

es geht nicht um die strecke, sondern um ein ziel. dieses ziel kennt niemand. für uns ist es trotzdem faszinierend.

ich will nicht nach tamanrasset, nicht ins tassili.

auf den karten der sahara stiere ich immer auf zwei punkte. einer ist bezeichnet mit 614, der andere mit 613. es sind im verhältnis zum umland die höchsten dünen, die eine im erg megraoun, die andere an der südwestecke des östlichen ergs.

es sind nicht irgendwelche höhen. sie weisen sich auf der karte als spezifische punkte aus. höhen von besonderer eigenart. wir könnten sie in einer tour beide erreichen.

der weg nach hassi inifel war eine erkundung zu diesem projekt. hassi inifel wäre der halbe weg und, wie ich jetzt weiß, eine basis. es gibt wasser.

ali würde mitkommen. diesmal mit drei kamelen.

wenn ich's allein machen wollte, brauchte ich viel kraft. vorher fast eine meditative einübung, start aus einer situation der ruhe und unangestrengten konzentration.

zu zweit oder zu dritt wie im vergangenen herbst ginge es lässiger.

mal manuel und eberhard fragen. herauskommen wird nichts verwertbares. nur ein bißchen mehr selbst von einem selbst.

verlorene fertigkeiten

ali sitzt vor seinem zelt. er nimmt ein kokosgeflecht vom stamm der kokospalme, legt es in wasser, zerteilt es in streifen, drillt die streifen im handteller, bis er einen stapel hat. es wird ein seil. drei der streifen verknotet er, hält den knoten zwischen den zehen, drillt einen der streifen noch enger, dann den nächsten und legt ihn um den ersten, dann den dritten um den zweiten, den ersten um den dritten, den zweiten um den ersten . . . immer gleichzeitig drillend und flechtend. geht einer der streifen zuende, legt er den anfang des nächsten über das endstück und drillt und flicht weiter. die finger der hand, die die drillfläche bildet, halten jeweils die drei streifen auseinander. das seil, das so entsteht, wickelt er um seinen fuß, um immer passende arbeitshöhe zu haben. das sieht sehr einfach aus, ist es wahrscheinlich auch, aber uns ist die-

ein. ich empfand es dankbar als geste des weltgeistes.

sechs flaschen hatten wir mitgenommen. damit wollten wir ein paar tage auskommen, vor allem, weil wir vorhatten, nachts zu gehen. in der regel komme ich mit einem liter pro tag aus. bei bedecktem himmel bin ich sogar einen vollen tag ohne einen schluck wasser ausgekommen.

in dieser trockenen luft aber mußte es das wasser aus uns herausgezogen haben, ohne daß sich lange schweiß bilden konnte.

der höhepunkt der hitze war noch nicht überschritten, als wir die dritte flasche anbrachen. die mit sonnenenergie aufgeladenen schwarzen steine begannen nun zurückzustrahlen. wir wurden bestrahlt von oben und von unten.

wir fixierten immer kürzere wegstrecken, die wir nach hunderten von metern bemaßen, um trinkpausen einzulegen.

kein schatten immer gegen 11 uhr beginnt es. alle tiere haben sich eingegraben. der wind hört auf. die helligkeit fängt an zu blenden. kein laut. die luft über dem horizont beginnt zu flimmern. der schesch verhüllt das gesicht bis auf einen augenspalt. nur keine sonne auf die haut. die zeit steht still. die welt hat keinen anfang und kein ziel. wohin gehen wir? warum gehen wir? man beginnt, sich gedanken zu machen. alles rückt auf die ebene der reflexion. warum

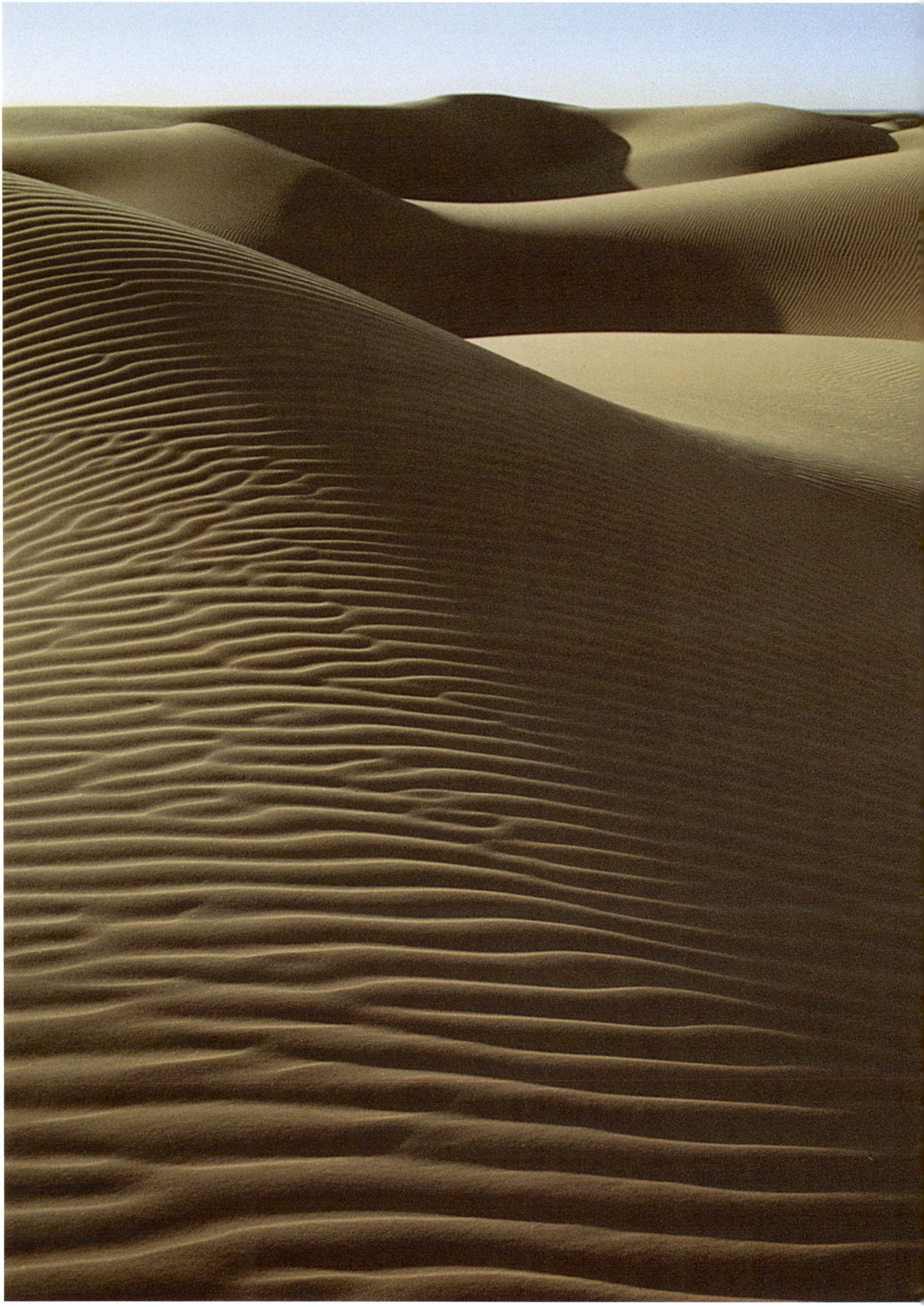

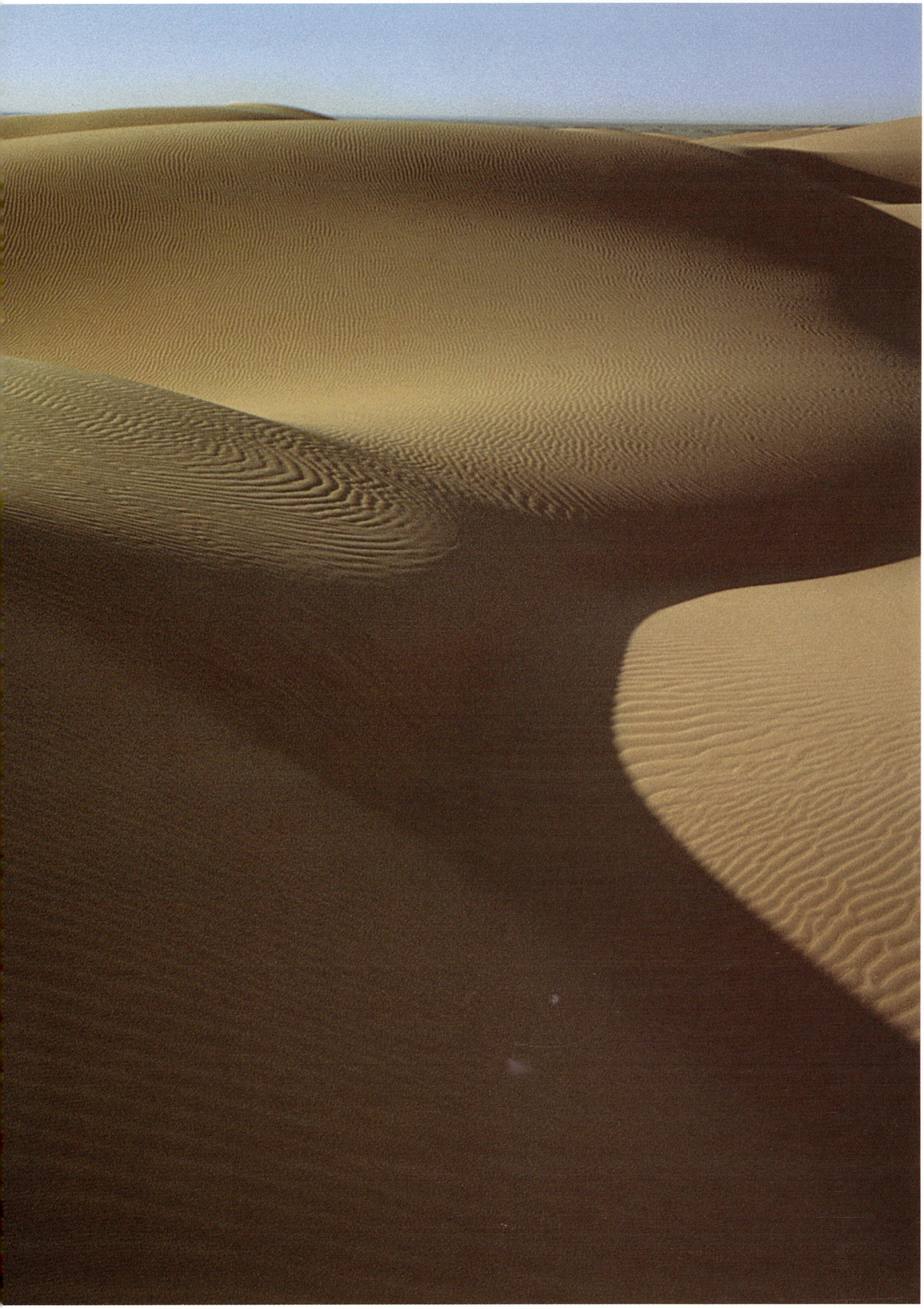

müssen schuhe so fest sein, warum gestatten sie keine größere luftzirkulation? die schuhe sind heiß. heiß von innen, heiß durch den sand. der mund, merkt man, ist trocken. warum nicht trinken? trinken bedeutet geringeres gewicht, weniger last auf dem durchschwitzten buckel. aber wir müssen sparen. müssen wir?

warum machen wir keinen halt? hier oder dort. warum gehen wir immer eine volle stunde? wenn es schon keinen baum, keinen strauch gibt, ist es egal, wo wir uns hinsetzen.

wir sprechen kein wort. irgendetwas klappert am packsack. es gibt den rhythmus an, und wir setzen monoton fuß vor fuß.

das land ist wie ein körper, aus dem alles blut geflossen ist. kein leben mehr. wir schauen sie nie an, wir blicken nie zu ihr auf, dem monster, das uns im genick sitzt. sie ist da, die sonne, überall da. sie ist zweimal da, mit ihren strahlen, bissigen strahlen, und mit der hitze, die sie erzeugt hat, eine bleierne hitze.

wir wissen, sie steht genau über uns. wir werfen keine schatten mehr. das einzige argument, sie zu überlisten, heißt, nicht aufgeben, weitergehen, in ein paar stunden gibt sie selber auf. ein paar stunden, das sind einige hundert augenblicke wie der jetzige. und zur not läßt sich ein solcher augenblick ja ertragen. darum muß es auch hundertmal gehen. von der sache her wenigstens. man geht hat man glück, findet man einen busch, der einem über die heißeste zeit hinweg wenigstens für den kopf schatten spendet.

ses wissen verlorengegangen. nach ein paar stunden legt er das nun gewonnene seil zusammen und klopft es naß auf einem stein, bis es die richtige geschmeidigkeit hat. es ist beste qualität.

die frau hat einen haufen gesammelter kamelwolle. ein stück legt sie zwischen zwei nagelbretter mit griff, ähnlich einer flächigen drahtbürste, und bürstet die wolle so lang gegeneinander, daß die haare in einer richtung liegen, legt sie zusammen zu einer flauschigen watte. das ende zwirbelt sie zusammen, befestigt den wollfaden an einer handspindel und dreht die spindel lässig in der einen hand, während die andere hilft, daß die watte in der richtigen menge aus dem knäuel gezogen wird. so wächst ein wollfaden aus gemischter brauner und schwarzer wolle, der dann zu zelttuch, säcken und leinen verwoben wird, sobald genug garn vorhanden ist. das sieht sehr einfach aus, ist es wahrscheinlich auch, aber uns ist dieses wissen verlorengegangen. das produkt ist schöner und unverfälschter als jedes maschinenerzeugnis. kein tuch kann schöner sein als das eines nomadenzeltes, das aus eigener hände arbeit entstand.

ali muß wohl alle woche ein kitz schlachten. bei der einseitigen nahrung ohne gemüse ist fleisch bedeutsamer als bei uns. das ganze geschieht auf einer lage frischgrüner zweige, mit einer ungewöhnlichen geschicklichkeit und fertigkeit. dabei hat ali nur das eine messer, mit dem er auch büchsen öffnet. für das zerteilen sind hundert schnitte nötig, die alle so sitzen, daß die gelenke sich mit einem schnitt lösen und alle muskeln als ganzes erhalten bleiben. das schönste stück wird mir für das abendessen vorbehalten. was nicht in den topf wandert, wird einen tag in der sonne getrocknet und aufbewahrt.

ali sitzt mit seinem langen, klapprigen messer da und schnitzt an stäbchen herum, fein wie kurze bleistifte, sie bekommen kerben, schnüre werden befestigt. aus dem leder der geschlachteten tiere werden riementeile angebracht. es sieht aus, als sollte es steinschleudern geben, aber es ist zaumzeug für die jungen zicken, denen man das saufen an der mutter abgewöhnen will, damit die familie ali genügend ziegenmilch hat.

so ist man seiler, weber, metzger, bäcker, sattler und sonst einiges mehr. ein hirte ist nicht nur ein hirte.

alis tee

fast hätte ich mich entschlossen umzukehren. ich habe einige schwere nächte hinter mir. gegen mitternacht wache ich regelmäßig auf. der schlaf ist ohnehin leicht. im nu sind die schmerzen da. die letzte nacht lag ich drei stunden in krämpfen, kein schmerzmittel half mehr, der kopf wühlte in den träumen. während ich mir sonst nie einen traum merken kann, oder nur selten, und auch das schönste, was ich in erinnerung behalten möchte, am morgen verflogen ist, sind die träume voll da. die erste nacht träumte ich immer wieder vom flughafen. das neue problem kündigt sich an. an was ich die halbe nacht, unterbrochen von kurzem aufwachen, herumträume, sind merkwürdige bilder verschiedener bauten. kein modernes gebäude taucht auf. eine gotische ruine, eine stahlkonstruktion à la bahnhof friedrichstraße, auch als ruine, dann einige bürgerhäuser, alles im viereck gebündelt. die streben in den leeren fenstern der gotischen ruine male ich knallrot an. sieht schön aus. geschichte wird durch einen kunstgriff aktuell. in der nächsten nacht berate ich einen bürgermeister von tübingen, den ich nicht kenne. er macht lauter fehler. am schluß stehe ich nackt da. dann gibt es einen traum über die hochschule in ulm, dann wieder eine nacht über den flughafen. ein jugoslawischer flughafen will nicht funktionieren. nichts stimmt an ihm. die letzte nacht spiele ich meschugge, um inkognito unterzutauchen. ich genieße meine täuschungen, die mich allerdings nicht ganz tarnen können. dann schnappt mich die polizei und ich kehre zurück ins büro. freue mich, vor der polizei ein gutes gewissen zu haben.

ich bin so nah an diesen träumen, als würde ich mit meinem bewußtsein und meiner reflexion wie auf der oberfläche des unbewußten dahingleiten. in diese träume hineingewoben sind reale gedanken, die nachts zu problemen werden. ein büro ist schon durch seine existenz ein sack voller probleme. dann der anspruch, eine sache gut zu machen und auch den auftraggebern gerecht zu werden.

wenn ich dann ganz wach werde, fängt der kopf an zu arbeiten und gleichzeitig kommen die schmerzen. als ob denken weh tun müßte. und ich bin diesem denken ausgeliefert, komme mir vor wie eine hochtourige maschine, die im leerlauf durchdreht.

ich kann mich nicht wehren. weder kann ich meiner welt entfliehen wie fluchttiere, noch kann ich sie in schach halten wie raubtiere. und trotzdem lebe ich in einer welt, die mich zum aufpassen zwingt wie ein luchs. erst die nazis, dann eine kulturbürokratie, die eine hoch-

unter einem drückenden gewicht, sicher, aber man geht.

weniger sicher ist es, ob man solche augenblicke von sich selbst aus erträgt. schließlich ist das einzige, was in diesem ausgebrannten, lichtüberschütteten mittag noch leben hat, man selbst. wozu hier noch leben gegen eine welt der hitze einsetzen? wozu ein spiel hundert gegen eins?

man zählt die augenblicke. sie sind am anfang nur niederlagen, man zählt gegen ein gebirge an. aber schon um

zwei uhr mittags wendet sich das blatt, man erringt allmählich siege.

die verlassenheit wirkt deshalb auch so lähmend, weil wir von unserem umfeld nichts erwarten können. es ist tot. wir tragen nicht nur wie schnecken unser haus mit uns herum. wir finden hier auch kein futter, wir tragen auch das essen und alles, was wir zu trinken brauchen. es gibt nicht einmal natur. wir können nicht mal abseits schweifen und uns etwas zum trinken holen oder gar zum essen. wir sind zu einem punkt zusammengeschrumpft. unser system ist auf uns selbst zurückgeworfen. natürlich sind wir nicht geschaffen, so zu existieren. wir merken es, wenn wir einmal den packsack abgelegt haben und uns frei bewegen können. wir werden leicht wie vögel. abends gehen wir gerne auf hohe dünen. wir fliegen fast.

solange wir den mittag durchwaten, haben wir keine kraft, frei herumzugehen. sobald wir eine rast machen, legen wir den rucksack ab und setzen uns ohne umschweife direkt daneben. wir bestehen nur aus zusammenmontierten gliedern, die in ihren gelenken ächzen, und sinken kraftlos zu boden.

wir essen fast nichts. mit dem trinken ist es anders. jeder schluck ist eine entscheidung, soll man einen schluck mehr nehmen oder nicht. das herzhafte volle trinken gibt es nicht mehr. erst wieder, wenn wir einen brunnen erreicht haben. das dauert noch tage. so ist auch das trinken eine plage. alles ist last und pein, muß es in irgendeinem psalm heißen. wir fühlen, wie der körper das wasser braucht, wir fühlen, wie es ihm guttut, aber der genuß beim trinken ist unterbrochen, verklemmt.

wir haben verschiedene arten probiert, mit kleinen schlucken diesen genuß wieder zurückzugewinnen, entweder, indem man perlend trinkt, das heißt, mit dem wasser etwas luft einsaugt, oder indem man das wasser lange im mund läßt. das schönste wäre, eine halbe feldflasche auf einmal austrinken, wild trinken, in vollen zügen, ohne künstliche mätzchen, blind, ohne kalkül und hemmungslos, so daß der schluckmechanismus kaum nachkommt. aber wir sind hier, um zu sehen, was kontrolle, ratio, berechnung, kalkül imstande sind zu leisten. schließlich wissen wir nur, wer wir sind, wenn wir uns vergewissert haben, wer wir sind.

dabei ist unsere anpassung kaum zu überbieten. die schuhe stimmen. nicht zu denken, wenn die füße nicht mitmachen würden. auch die kleidung stimmt. man denkt, man sollte die leichteste kleidung tragen. falsch. die kleidung muß zwar luftig sein, aber auch den schweiß aufsaugen. so tragen wir immer unterwäsche. der kopf ist stets eingebunden mit dem schesch.

die sonne ist so bissig, so zudringlich, daß jede nicht bedeckte stelle der haut in einer halben stunde verbrennt. unsere handrücken sind blau verbrannt, obwohl wir sie mit einem mittel gegen ultraviolett-verbrennungen schützen.

jeder schritt, den man geht, ist ein schritt zum abend, wo die welt wieder farben und schatten hat. und sei er noch so klein. ein millimeter ist wenig. zehn millimeter geben einen zentimeter. tausend millimeter geben einen meter. all die dünen sind in wahrheit summen von winzigen sandkörnern. man macht viele schritte am tag und ist darauf eingestellt, schritte zu machen ohne wenn und aber.

wo kein schatten ist, ist auch keine kontur. es gibt keine dinge mehr, sondern nur stoff, gleißenden stoff. eine mischung aus licht und materie. die augen sind zugekniffen, die pupillen fast geschlossen. trotzdem dringt das blendende land in uns ein.

wer redet da noch ein wort. mancher gewaltmarsch wird erträglich, wenn man sich unterhält. manuel, mit dem ich hier unter der sonne dahinziehe, ist sonst nicht mundfaul. ich auch nicht. aber die lebenskräfte können so verflogen sein, die kehle so ausgetrocknet, der mund so mehlig, daß das leben auf einfachste motorik reduziert wird, auf das gehen, schritt für schritt. auch der kopf schaltet ab. er sieht nur nach dem weg. er hat nichts mehr mitzuteilen.

was übrig bleibt, ist ein lied, das eva gern zu hause singt. es hat den rhythmus des gehens, vermischt sich mit den schritten und bohrt sich ins gehirn, bis dieses zum leierkasten geworden ist, es spielt ohne ende. oh eva, höre auf.

temperaturen wir gehen in die sahara jeweils im märz/april und im oktober/november. im winter kann es unwirtlich sein, im sommer hält man es nur aus, wenn man hier geboren ist.

oberflächlich gesehen, gehen wir zu jahreszeiten, die unseren hochsommern entsprechen. doch gibt es einen fundamentalen unterschied: in der sahara gibt es keine dunsthaube. die luft hat keine wasseranteile. es gibt keine staubpartikel (ausgenommen freilich die zeit der sandstürme). das hat zweierlei wirkungen.

einmal wird das einfallende sonnenlicht nicht gemildert, gebremst, gefiltert. zum anderen wird die erzeugte wärme während der nacht nicht eingemottet, sie kann ungehindert entweichen. damit sind die temperaturunterschiede wesentlich größer als bei uns, wo die dunsthülle laue nächte erzeugt, aber auch verhindert, daß das licht am tage mit voller macht herniederbrennt.

so kommt es in der sahara zu dem widerspruch, daß man es in der sonne kaum aushält, so heiß ist es. legt man sich in den schatten eines busches, fröstelt man. die luft ist kühl, die sonne brennt. allerdings, wenn die luft auch erwärmt ist, kein wind geht, wird sie heiß und dick zum schneiden. in der nacht wird es kühl, in

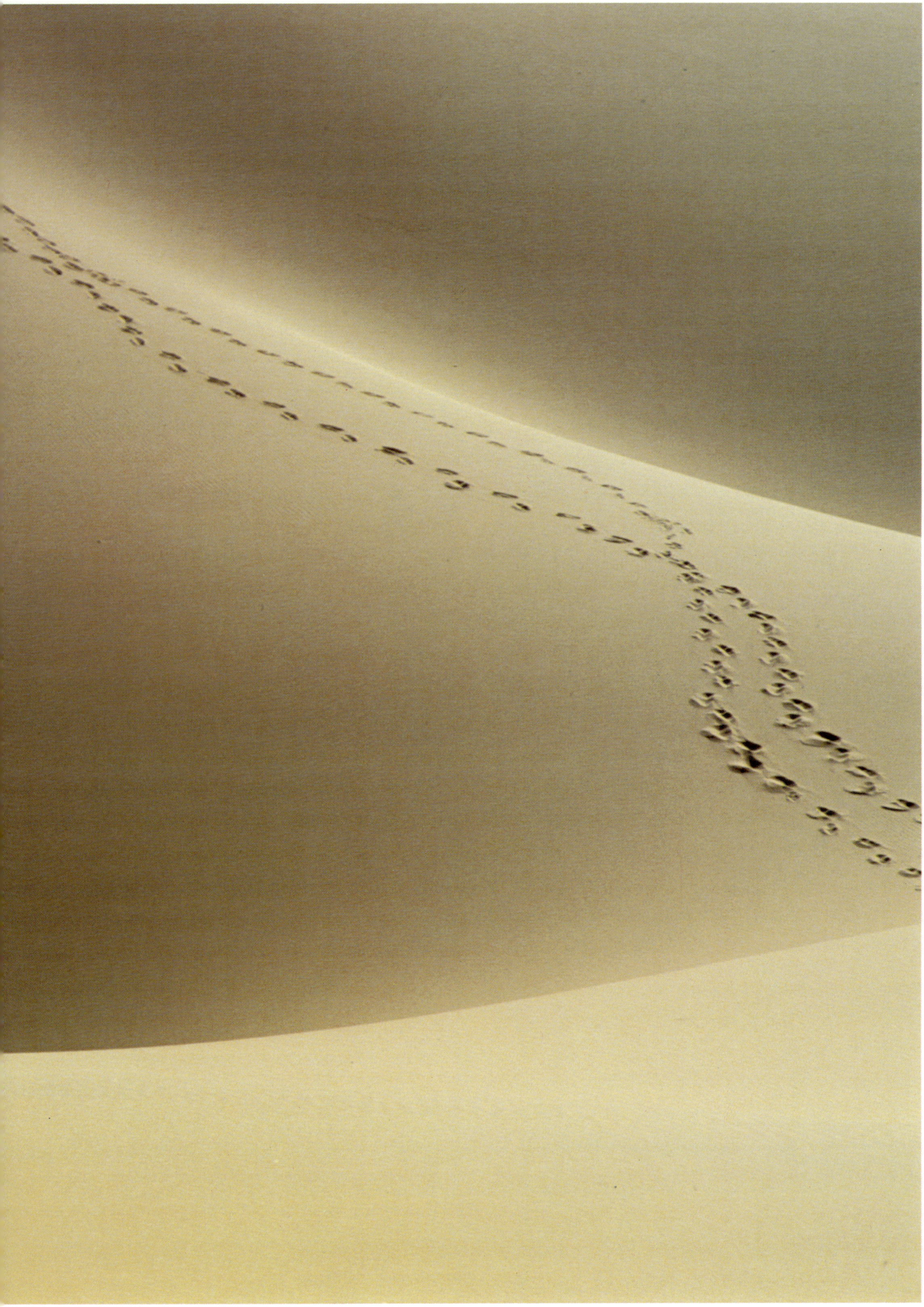

schule kaputt macht, dann eine zivilisation, die einen im konsumsirup erstickt.

wie kommt es nur, daß ich diesen apparat nicht zur ruhe bringe, warum schielt er um jede ecke, späht in jede ferne, sucht in jeder tiefe. ich habe keine angst. ich nehme das alles auf mich, wenn nur die leidigen schmerzen nicht wären.

nach etlichen stunden schlafe ich dann wieder tief ein.

morgens stehe ich auf, frisch, als wäre nichts gewesen. nur ein muskelkater in der herzgegend, der aber auch verfliegt.

dann kam mir eine idee. ali braute uns jeden abend einen starken tee. jeweils drei gläschen für jeden, nicht viel, aber stark. ob es der tee ist?

gestern habe ich dann keinen getrunken. und siehe da, zwar bin ich gelegentlich aufgewacht, habe eine neue lage eingenommen, einmal brannten auch die ersten leuchtfeuer der schmerzen auf, aber ich habe ruhig geschlafen bis zum tagesanbruch.

ich kann hier bleiben.

autonomie des sandes

sand ist das zivilisationsfeindlichste material. im wasser kann man schiffe fahren lassen. im sand nicht. auf einem gebirge kann man die fundamente einer bergbahn einbetonieren. im sand nicht. kein haus bleibt im sand stehen. eisenbahnlinien würden zugeweht und begraben. kein auto kann im sand fahren. eine schneeraupe könnte einige zonen meistern, die sandmeere lassen sich von ihr nicht bezwingen. sand ist nicht so griffig wie schnee. er fließt, gibt nach. der sand wehrt sich gegen alles, was den menschen so erfolgreich gemacht hat. der mensch kann in ihm nicht leben. ein paar nomaden halten sich in randzonen auf, in den eigentlichen sandregionen gibt es mehr stellen, die noch nie einen menschen gesehen haben, als in der antarktis oder auf den weltmeeren.

sand läßt auch kein leben zu. oder nur in minimalsten ausmaßen. ein paar gräser gibt es, gelegentlich einen busch, einige käfer.

aber sand bildet zugleich die schönsten erscheinungen. der wind modelliert rücken, buckel, wellen und spitzen von makelloser schönheit. er bedeckt die oberfläche

mittwoch, 11. märz 81, erg chauouli

temperatur	sonnen-reflektion boden (sand)	1,50 m höhe schatten	3,00 m höhe schatten
morgens 6.00	9°	7°	6°
morgens 9.00	12°	21°	17° (bei wind)
mittags 12.30	52°	35°	25° (bei wind)
abends 17.00	46°	27°	21°

extremfällen bis an den gefrierpunkt. es ist nicht falsch, in die wüste handschuhe mitzunehmen.

schatten ist nicht das fehlen von licht. er ist mehr. er ist eine art aggregatzustand, denn meistens ist die hauptbelastung nicht die luftwärme, sondern die sonneneinstrahlung. in unseren monaten kann die luft kühl und frisch sein, mit ausnahme der mittagsstunden. die sonneneinstrahlung dagegen brennt unerbittlich. das heißt, man schafft sich sofort einen lebensraum, der erfrischt, statt zu lähmen, wenn man schatten gefunden hat. ein einziger quadratmeter reicht.

wir haben es noch nicht gelernt, diesen quadratmeter selbst zu erzeugen. wir haben es mit alufolie probiert, mit zeltplanen. meistens reißt der wind die verankerungen aus dem sand.

etwas anderes ist es, wenn man einen busch findet, an dem man zwei ecken der zeltplane festbinden kann. die beiden anderen enden werden am boden verankert mit zwei gummiseilen, die das tuch ständig in spannung halten. sobald es lose hängt, greift es der wind. das tuch schlägt ein paarmal und ist losgerissen. je eine zeltplane und zwei gummiseile von 60 cm länge und zwei haken gehören zu unserer grundausstattung. als verankerung nehmen wir unsere angelegten rucksäcke.

nur: wo immer büsche finden?

eine komplette zeltausrüstung wäre uns allerdings zu schwer. wir müssen optimieren zwischen der last, die wir zu tragen haben und der wirkung einer ausstattung.

die wirkung der sonneneinstrahlung ist immer dieselbe, ob ich am boden sitze, ob ich stehe oder auf einem kamel reite. der beste schutz ist die kleidung.

die reflektionswärme, die wärme, die die strahlung auf sand und steinen erzeugt, ist dagegen sehr unterschiedlich nach der höhe. am boden ist sie am stärksten. der sand kann 50° heiß sein, in kopfhöhe sind es 40° und auf dem kamel 30°. so stark sind die unterschiede. 50° ergeben sich dort, wo die sonne auf einen widerstand aufprallt. das trifft auch auf uns selbst zu. die luft muß noch gar nicht erwärmt sein, macht uns die sonne bereits zu schaffen. weil sie uns voll treffen kann.

zu hause bei uns ist es kalt, warm oder heiß. hier gibt es verschiedene hitzen, die der strahlung und die der mit wärme aufgeladenen luft. bei uns zu hause gibt es diese unterscheidung nicht, weil überall schatten vorhanden ist: räume, bäume, wände. hier gibt es nichts, das schatten spendet. so kann die luft noch kühl sein und trotzdem hat uns die sonne im griff.

gegen mittag wird auch das medium luft mit wärme aufgeladen. dies kann sehr unterschiedlich sein, je nachdem, ob ein wind geht oder nicht, ob die luft ganz trocken ist oder nicht.

heiße luft nimmt, ich weiß auch nicht warum, den aggregatzustand von flüssigkeit an, wirkt wie wasser. später,

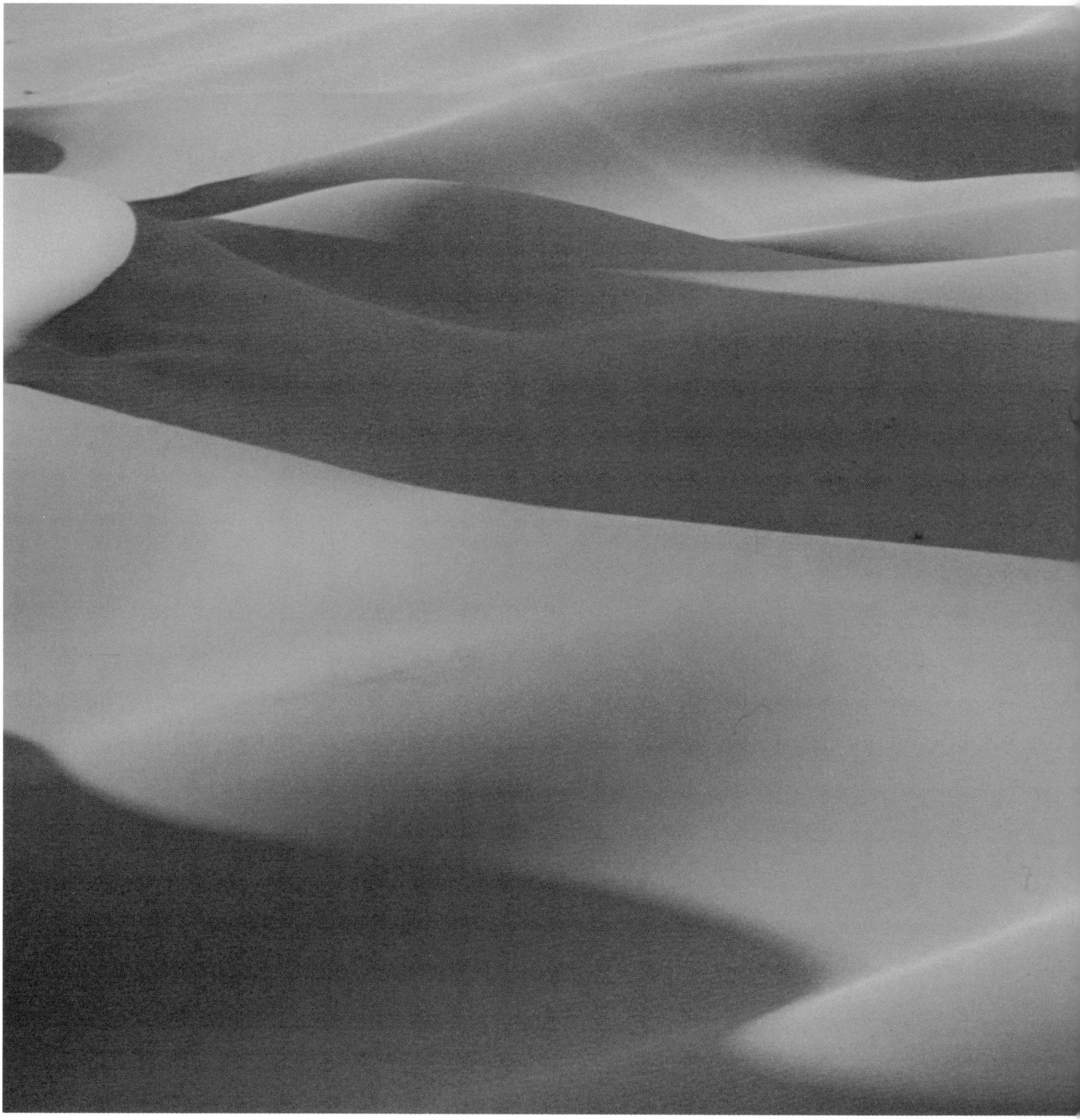

wir sind gewohnt, uns kunstwerke anzusehen. die wüste erlaubt, in der ästhetik zu leben. sie wird nicht als anblick erfahren, sondern in der bewegung.

wenn es überheiß ist, wie blei. dann watet man in der hitze. in senkungen entstehen hitzeseen mit den bekannten luftspiegelungen. dagegen gibt es keinen schutz. höchstens ein kamel besteigen, wenn man eines hat. die köpfe bleiben dann in der regel über dem hitzebrei. aber kamele sterben aus.

da rate ich, umwege zu machen, höhere dünen oder erhebungen zu suchen. man erspart sich eine schinderei, die einem das wasser aus den poren zieht. das übersteht man nur mit dem gemüt eines panzers.

schlafen der unterschied zwischen der wüste und unserer zivilisation zu hause wird vielleicht am deutlichsten bei der art, wie wir schlafen.

es macht uns nichts aus, in der nacht, nach einem langen marsch, uns auf grobe schottersteine niederzulegen, den kopf in irgendeine kuhle zwischen zwei steine zu betten und ein, zwei stunden zu schlafen, dann den rucksack wieder über die schulter zu werfen und weiterzugehen.

wir schlafen überall und in jeder stellung, wenn der körper nach schlaf lechzt.

aber das ist nicht das eigentliche. wir schlafen insgesamt anders. vielleicht wie eine rotte polarhunde schläft. unser schlaf ist so, daß wir immer registrieren, was um uns herum geschieht. ich nehme wahr, wenn der andere sich umdreht, wenn er etwas an seinem schlafsack

mit wellenmustern von vollkommener ordnung. das licht zeichnet fließende übergänge und scharfe schatten.

licht, wind und sand schaffen zusammen gebilde, die ästhetik an sich sind.

erg megraoun

tatsächlich sind die dünen hier höher, es sind richtige berge. sie bestehen nicht mehr aus fließenden rücken, sondern aus kegeln, pyramiden, verbunden durch scharfkantige grate.

das erg megraoun ist ein letzter ausläufer des großen östlichen erg. der sand kommt hier zur ruhe, greift nicht weiter nach süden vor, da das land ansteigt bis zum gebirgsblock des hoggar. sand von jahrtausenden, vom norden angeweht, hat sich hier angehäuft. die farbe ist ein sattes braun gegenüber dem bleichen sand weiter im norden. eberhard und ich sitzen in einem zirkel mit 500 km durchmesser, in dem es nicht einen menschen gibt, mit ausnahme der alten vom fort miribel, das noch an die zeit der nomaden erinnert.

mit einem landrover wollen wir wasser, verpflegung und uns herbringen lassen, nachdem ali uns im stich gelassen hatte. der alte, große peugeot schafft es auch. auch er kommt über den oued mya. zurück wollen wir zu fuß.

in die dünen gehen wir wie gewohnt. ein stundenausflug. noch in der nacht aufbrechen, sich von kamm zu kamm, von rücken zu rücken treiben lassen, bis es heiß wird und man umkehrt.

wir merken bald den unterschied. wir müssen klettern. die dünen bestehen mehr aus einzelnen kegeln, die um sich tiefe, große wannen, richtige löcher, scharen, die meistens den steinuntergrund freigeben. die wände, die sie trennen, münden nach oben in scharfe grate aus. auf diesen stapfen wir voran, von spitze zu spitze. es ist ein mühsames gehen, weil der sand meistens nachgibt und man sich im wegrutschenden material halb vorwärts, halb abwärts bewegt. das geht auf die schenkel. dazwischen gibt es weichere wellen oder leichtere muldensättel und brücken, und man erholt sich rasch. die luft ist rein und frisch. die lunge hat sich durch das hasten frei gemacht, und man atmet leicht und tief bis in das letzte äderchen. ein paar tiefe züge, und man hat sich erholt. vor allem, wenn der sand fest wird und das verkrampfte gehen aufhört, kommt fast ein gefühl des schwebens auf.

der L3, ein dünenblock im innern des erg (wir haben ihn so getauft), macht noch einmal mühe. aber auf einem

herumbastelt, wenn er seinen rucksack verschiebt, oder wenn er aus ihm eine feldflasche herausholt, um einen schluck zu tun. ich schlafe im einvernehmen mit den anderen.

tagsüber sind wir individualisten. jeder ist, bei allem konsensus, allein. wir sind kollegen. wir sind aufeinander eingespielt, aber als einzelne. nie führen wir gespräche über privates. nie kommen wir in menschlichkeitsklatsch, fingern in der seele des anderen herum.

das ist nachts anders. man wacht auf, wenn der andere sich rührt. aufwachen ist vielleicht zu viel gesagt. man schläft sicher tief und ruhig, aber immer mit der antenne zum umfeld. man schläft gewissermaßen als kuhherde. man schläft für den anderen mit.

zu hause habe ich meinen individualschlaf. ich versinke in einer watte, die mich von allem isoliert. nur in diesem federbett träumt man die träume, die sigmund freud analysiert hat, die individualträume.

auf dem boden der wüste, sei es der sand, seien es stei-

gipfel des himalaya zu stehen, kann nicht schöner sein. ringsum eine dünenwelt, die wie hochgebirge anmutet, eine makellose luft und ein reiner, körniger sand ohne ein staubteilchen. da die luftfeuchtigkeit fehlt, ist das licht blendend wie auf einem achttausender. der himmel tiefblau.

für den rückweg entschlossen wir uns zu einer anderen route. wir wollten früher aus dem erg herauskommen und deshalb über die schotterebene in einem großen bogen unseren platz erreichen. das war ein fehler.

die sonne, die auf der spitze gegen den frischen wind noch keine kraft hatte, wurde beim abstieg recht heiß, vor allem in den talsenken, über die wir den ausweg aus dem erg suchten. immer mehr dünen stellten sich quer. wir beschlossen, den bogen abzukürzen und dazu einen höhenrücken zu übersteigen. doch wenn wir glaubten, bei der nächsten düne auf dem kamm zu sein, türmte sich dahinter wieder eine auf. wir bekamen den ausblick auf die schotterebene nicht frei.

die sonne stand hoch, es gab keine schatten mehr. alles war in blendendes einerlei gebadet, und man hatte mühe, distanzen und proportionen zu greifen. bei einer abgrundtiefen wanne ging eberhard den linken beschwerlicheren, aber kürzeren weg. ich wollte die höhe halten, mußte aber einen längeren weg in kauf nehmen. in dem blendenden gewirr von gipfeln, löchern und wellen war eberhard bald weg. ich stapfte meinen weg, mit immer mehr pausen. ein paar tiefe züge in die keuchende lunge, hatte ich das gefühl, bringen wieder volle kraft. so als ob der körper zuerst sauerstoff bräuchte. ich mied jeden schrägeinstieg in eine sandwand, denn gegen abrutschenden sand anzustrampeln, um höhe zu halten, zieht die letzte kraft aus einem heraus. in der ferne sah ich eberhard noch einmal auftauchen.

das gelände wurde ruhiger und übersichtlicher, aber noch immer gab es keinen ausblick, und die sonne mußte ihren höchsten stand erreicht haben. ein glück war der frische wind, der ins gesicht stand. zwar fehlte er in den senken und wannen, man tauchte in einen hitzekessel ein, aber sobald der kopf wieder über einen grat hochkam, stand man in seinem frischen strom. man sperrte dann den mund auf und atmete luft ein, so tief es ging.

gemerkt hatte ich es an dem gefühl, daß die luft beim vollatmen nicht mehr auf den grund kam. sie erreichte mich nur noch halb. ich mußte mich bei den pausen, statt zu sitzen, hinlegen. dann wurde mir schlecht. der magen krümmte sich. der brechreiz fand aber nichts vor. wir hatten nichts gegessen.

wegdrehen ist genau das wort für den moment, wenn man die augen schließt und man in kreisbewegungen des inneren blicks rot und gelb sieht und in einen andern zustand gerät.

lange kann es nicht gedauert haben. mit willenskraft machte ich die augen wieder auf und zwang mich zu sehen, was zu sehen ist, realität wahrzunehmen. aber nichts in der welt hätte mich dazu bringen können, aufzustehen. wasser. wenn es jetzt etwas zu trinken gäbe. wasser, wasser ...

in unserm lager gab es zwanzig liter davon und sechs kilo orangen. wasser. oder ein bad in orangensaft. das meer bei djerba. schwimmen. diese trinkverschwendung bei uns zu hause. trinken mit voll eingetauchtem mund. saufen wie ein pferd ...

ich lag flach und schwer wie teig. alles blendete. jetzt einschlafen, friedlich einschlafen ... meinetwegen für immer. aber nur das nicht. wach bleiben. ich spürte die versuchung, den willen wegfliegen zu lassen und selig sich dem hinzugeben, was ist. dabei lag unser lager greifbar nahe vor mir. ich konnte es zwar noch nicht fixieren, geschweige denn sehen. auch die dünen seiner umgebung konnte ich noch nicht ausmachen, aber in der luftlinie muß es einen katzensprung nahe sein, ein paar kilometer. merkwürdigerweise lag in all dem nichts tragisches, beängstigendes, bedrückendes. es war so. mag sein, daß ohne hoffnung auf das lager sogar der tod nahe war. aber er war loyal zugegen. er hätte den umständen den vortritt gelassen, statt selbst aktiv zu werden.

immer wieder brechreize. ich fühlte nach fieber –: nichts. der puls –: wunderbar. der mund war ausgetrocknet und belegt.

jetzt eine orange. ein glas orangensaft oder das saubere wasser. wasser ist immer noch das beste getränk. ohne beigeschmack, ohne nachgeschmack.

vom liegen brachte ich mich wieder zum sitzen. der wind in meinem schweißnassen schesch brachte etwas verdunstungskühle. dann packte ich das aufstehen. ich widerstand der lust, wieder zusammenzuklappen. mit wirklich letztem willen setzte ich fuß vor fuß.

ich blieb bei meinem thema: wasser, meer, hektoliter von organgensaft. trinken, den trockenen mund feucht bekommen.

in kleinsten etappen ging ich weiter, fand schließlich die noch nicht ganz verwehten spuren von eberhard. ich hängte mich an sie an. die kleinste erhebung nötigte mir alle zehn schritte eine pause ab. aber auch so kommt man voran. und ich merkte, es ging allmählich abwärts, und zum ersten mal sah ich über die dünen hinaus ins flache land. ich konnte den hohen dünenkegel ausmachen, an dessen fuß unser lager war mit zwanzig liter wasser und sechs kilo orangen. jeder schritt brachte mich dem wasser

ne, schläft man einen wachen schlaf.

der schlaf löscht die umwelt nicht aus, man fällt nicht in den mutterschoß zurück, man nimmt auch im schlaf noch wahr, was um einen herum geschieht. nicht ganz wach, nicht aufgeschreckt oder aufgeweckt sondern so, daß man sofort wieder in den vollschlaf zurückfindet.

dementsprechend sind auch die träume anders. ist es so ganz abwegig zu sagen, man träumt so, wie man schläft? danach gäbe es federbett-träume und sandträume, träume, die man für sich selbst träumt, und träume, die fenster haben zu den anderen und zum andern. die einen träume laufen auf einen selber zu, die anderen laufen von einem selber weg.

es ist keine frage, daß dies mit dem umstand zu tun hat, daß man nicht weiß, wie der morgige tag zuende geht. der kopf ist aufgewühlt mit projektionen darüber, was auf einen zukommt und was man

näher. leider ging es nochmals eine düne hoch. ich wußte nicht, ob ich es schaffen würde. ich probierte es mit etwas gleichmut und in kleinen etappen. über dem kamm ging es dann abwärts...

das wetter findet täglich statt

ein großer strauch ist mein mittagsdomizil zum ausruhen. auf der sonnenseite ist es nicht zum aushalten, so stark brennt die sonne. und auf der schattenseite, auf die noch der wind zustößt, ist es zu kalt. ich hätte entweder zu einer früheren jahreszeit kommen sollen, dann hätte ich es auf der sonnenseite ausgehalten, oder zu einer späteren, dann wäre die schattenseite wärmer gewesen. so binde ich meinen schesch um und mache einen rundgang durch die dünen.

die wüste, das weiß man normalerweise nicht, ist sowohl heiß wie kalt. bei uns hüllt eine mit feuchtigkeit und dunst angefüllte luftschicht alles in gleiche temperaturverhältnisse. die sonne wird gemildert. die luft selbst wird warm und läßt den schatten nicht zu kühl werden. hier aber gibt es so gut wie keinen dunst. die sonnenstrahlen schlagen durch, im schatten und vollends nachts kühlt alles rascher ab.

überhaupt ist hier das wetter etwas anderes. ob wir das niederwalddenkmal morgens, mittags oder abends ansehen, ob im frühjahr, sommer oder herbst, ist egal. nur regnen, stürmen oder schneien sollte es nicht. in der wüste kippt jeder tag kurz vor mittag in eine lage um, wo nichts mehr geht. die glut und das licht, eine schattenlose welt zieht allen willen aus einem heraus, lähmt einen, wie es nicht sibirischer frost tun kann. man erlebt gewissermaßen die vier jahreszeiten frühjahr, sommer, herbst und winter an einem einzigen tag. der tag beginnt mit halleluja. morgenlicht in einer klaren luft. dann das spektakel des sonnenaufgangs. die konturen der landschaft treten hervor. streiflicht mit langen schatten. die kühle der nacht schwindet. farben werden farbiger, kontraste kontrastreicher. der himmel wird immer blauer, der sand immer sandiger. die schritte beim gehen werden ausholender. allmählich mischt sich vibrierendes silbriges licht in den morgen.

diese stunden haben sogar die religionen befruchtet. die bedeutung des lichts im denken der menschen, des lichts, das die wahrheit ist, des lichts, das gott ist, kommt von dieser erfahrung her. wo gott die sonne ist, ist die sonne dieses morgens gemeint. sei es bei den ägyptern

selbst dagegen ansetzen kann. trotzdem ist das ein besonderer schlaf. es ist der schlaf der mütter, die wohltuend ausruhen und doch wahrnehmen, wenn das kind in seinem bettchen hüstelt.

so müssen wir uns auch nicht gegenseitig wecken. wir wissen, wann wir etwa aufbrechen müssen. einer steht auf, die anderen merken es und machen sich ebenfalls lautlos daran, ihr gepäck zu packen, die schlafstatt einzurollen. diesmal haben wir anfangs unter einer zeltplane geschlafen. es war nicht gut. man war nicht mehr mitten in der wüste, man war bereits in einem zuhause. man sah keine sterne, hatte nicht mehr den funkelnden himmel über sich, der hier voller informationen steckt. man sah nicht mehr die schattenkante des horizonts und hatte nicht mehr den wind um die nase, wie wenn man im mumien-schlafsack draußen liegt. man schlief nicht mehr wie das tier, hatte nicht mehr den trockenen traum, bei dem man sofort wach sein kann. seitdem nehme ich eine zeltplane nur noch, wenn es sein muß.

die nacht hat wieder figuren, lichter und konstellationen. bei uns zu hause schläft nur gelegentlich ein betrunkener im freien. zuerst befremdete es mich, daß auch den oasen menschen nachts auf den straßen schlafen, mit ihrem burnus eingehüllt in ein knäuel. irgendwelche durchreisende. der burnus ist ihr schlafsack, der es ihnen gestattet, sich hinzulegen wie draußen in der wüste.

im mumien-schlafsack kann man leicht sandstürme überdauern. man ist zu, und die kleine öffnung um die nase läßt sich so hinsteuern, daß kein sand hereinweht. man baut ein winziges kleinklima mit windschatten um nase und mund. der wind verliert seine aggressivität. die lästigkeit des sturmes fällt ab. man ist nicht mehr ausgeliefert, bloßgestellt, im gegenteil, man ist eingehüllt, versteckt, eingemummt, im nest.

wann man schläft, hängt vom programm ab. ist man einige tage an einem festen

die wüste und die düne sind nicht nur sprachlich weiblichen geschlechts. im gegensatz zur härte, die die bewältigung der wüste einem abverlangt, ist ihr bild oft von erotischer anmutung.

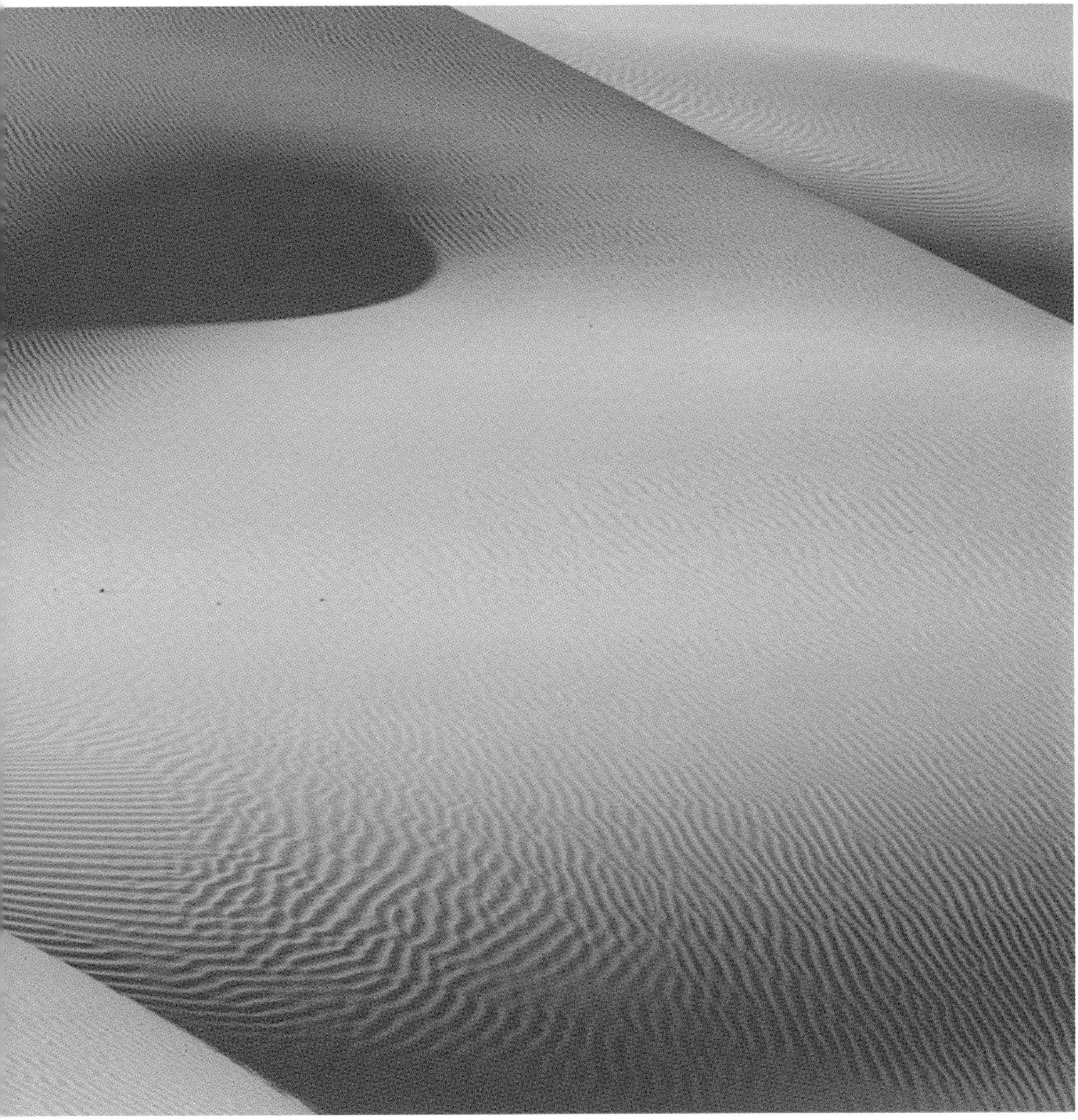

oder den indios. ostern verbinde ich mit diesem licht, das ganze morgenland. ex oriente lux.

auf meiner uhr ist es immer gegen zwölf, wenn die sonne anfängt, ein satan zu werden. sie wirft sich in ihr totales gegenteil um. als ob sie darauf aus wäre, jedes und alles zu verbrennen, zu vernichten, strahlt sie immer gnadenloser herab. ich binde den schesch zu bis auf einen schlitz von ein paar millimetern. eine freie hautstelle bekommt nicht den bei uns bekannten sonnenbrand, sondern bereits verbrennungen.

man kann, wenn man den wind als genossen hat und sich auf einem hochplateau bewegt und nicht in einer senke, durchaus drauflos marschieren. manchmal muß das sein. aber man zieht die hände unter die hemdärmel, um auch die sonst sonnengewohnte haut nicht dem scharfen ultraviolett auszusetzen. aber wehe dem, der in dieser stunde unter der sonne ruhe sucht!

der autofahrer, der in shorts reist, klagt höchstens über das heiße blech, aber er lebt in einem technotop, einem geschlossenen zivilisationsraum, der die sonne höchstens zur lästigkeit werden läßt, der aber keine solche erfahrung mehr erlaubt. die wüste wird widrig, aber nicht hart.

schlimm ist es, wenn zur erbarmungslosen strahlung noch heißluft hinzukommt, die sich in senkungen ansammelt. dann zieht man nicht mehr seinen weg neben kamelen, die im trott gehalten werden wollen, zwanzig kilometer ohne halt in knapp vier stunden, dann watet man gegen eine glühende masse an und muß mit rationalisierungen das gemüt hochhalten, daß es nicht aufgibt.

manchmal ist es zwischen drei und vier uhr, aber auch zwischen vier und fünf, wenn man plötzlich fühlt, am schatten oder an einem windhauch, der mittag ist gebrochen, der abend kündigt sich an. man weckt erwartungen auf angenehmes, auf ruhe, lohn, belohnung, entspannung, schönes.

und wieder kommen die schatten, und die farben vertreiben das grelle und blendende. der himmel wird tiefer. der sand wechselt vom weiß zum braun. die kräfte kehren zurück. man pfeift vor sich hin. mehr musik habe ich nicht. das denken gewinnt perspektiven, freiräume, und steigt aus der zwangsjacke des nur-müssens, des befehlens und befolgens.

wüstenabende braucht man nicht zu beschreiben. sie sind literatur geworden. jeder kann sie sich leicht ausmalen.

draußen in der wüste sucht man sich allmählich den platz für die nacht, späht nach verdörrtem gestrüpp, denn sobald die sonne weg ist, entweicht die wärme wie verhext. man braucht schnell ein feuer oder muß rasch in punkt, geht man mit der sonne schlafen und steht mit der sonne auf. ist man unterwegs, gönnt man sich den schlaf, den der marsch, den wir meistens nachts unternehmen, zuläßt. man schläft dann kurz und tief, sogar zwischen den felsbrocken der steinwüste. der körper hat schnell die lage gefunden, die ihm am wenigsten lästig ist.

der morgen ist immer ein ereignis. das licht, das da erscheint hinter den schwarzen konturen, hat nicht umsonst einer ganzen kultur den namen gegeben: morgenland. meistens steht irgendein planet noch lange am himmel, wenn aus dem blauen licht ein orange-grünes und dann ein gelb-weißes wird, überwölbt von einem immer tiefer blau werdenden himmel. die sonne wirft ihren schein voraus wie eine senkrechte fackel, solange es noch dunkel ist, dann wird der querhorizont rot, dann orange, und dann schaut man ihr zu, wie sie zitternd ihre glut über den schwarzen horizont hebt.

spiegelungen schade, daß der begriff fatamorgana mit sentimentalem plunder des 19. jahrhunderts zugedeckt ist. es handelt sich um ein naturphänomen und ist für die bewohner der wüste sicher so alltäglich wie für uns der nebel, den sie nicht kennen. die luftfeuchtigkeit ist zu gering. umgekehrt kennen wir nicht die wärmerückstrahlung, die gewissermaßen ein eigenes heißes luftmedium ist und sich mit der kühlen luft, die der ständige wind herbeiführt, nicht vermischt.

wir kennen zu hause die kühlen abende, wenn die kaltluft wie in flüssen die niedrigsten stellen des tales herabfließt und in mulden als seen liegen bleibt. manchmal stehen wir vom tisch vor dem haus auf, weil es zu kühl wird und kommen mit dem kopf spürbar in eine wärmere schicht, die von der kaltluft unterflossen wird. so bleibt die heiße luft in der wüste in mulden und becken liegen. an höheren stellen wird sie vom wind weggetragen. in dem heißen becken wirkt sich die sonneneinstrahlung noch intensiver aus und bringt die luft schließlich zum vibrieren und brodeln. wo aber zwei verschiedene medien, wie wasser und öl, überlagert sind, mit dem schweren medium unten, werden die lichtstrahlen reflektiert, es bildet sich bei schrägeinsicht ein spiegel. der himmel wird wie ein see reflektiert, und was über den see am horizont hinaussteht, spiegelt sich in ihm wider.

manuel und ich sind in einem solchen glutsee gewan-

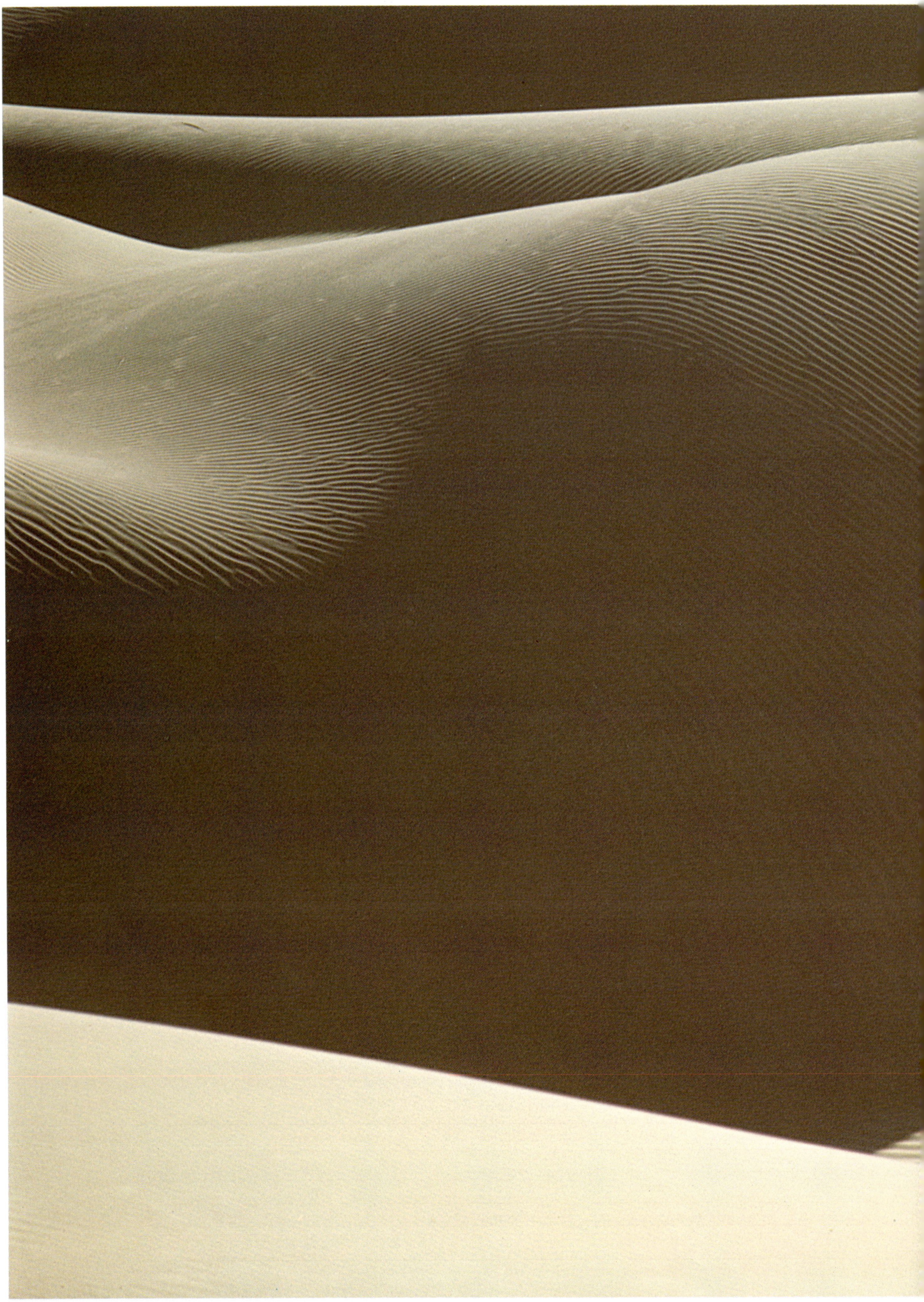

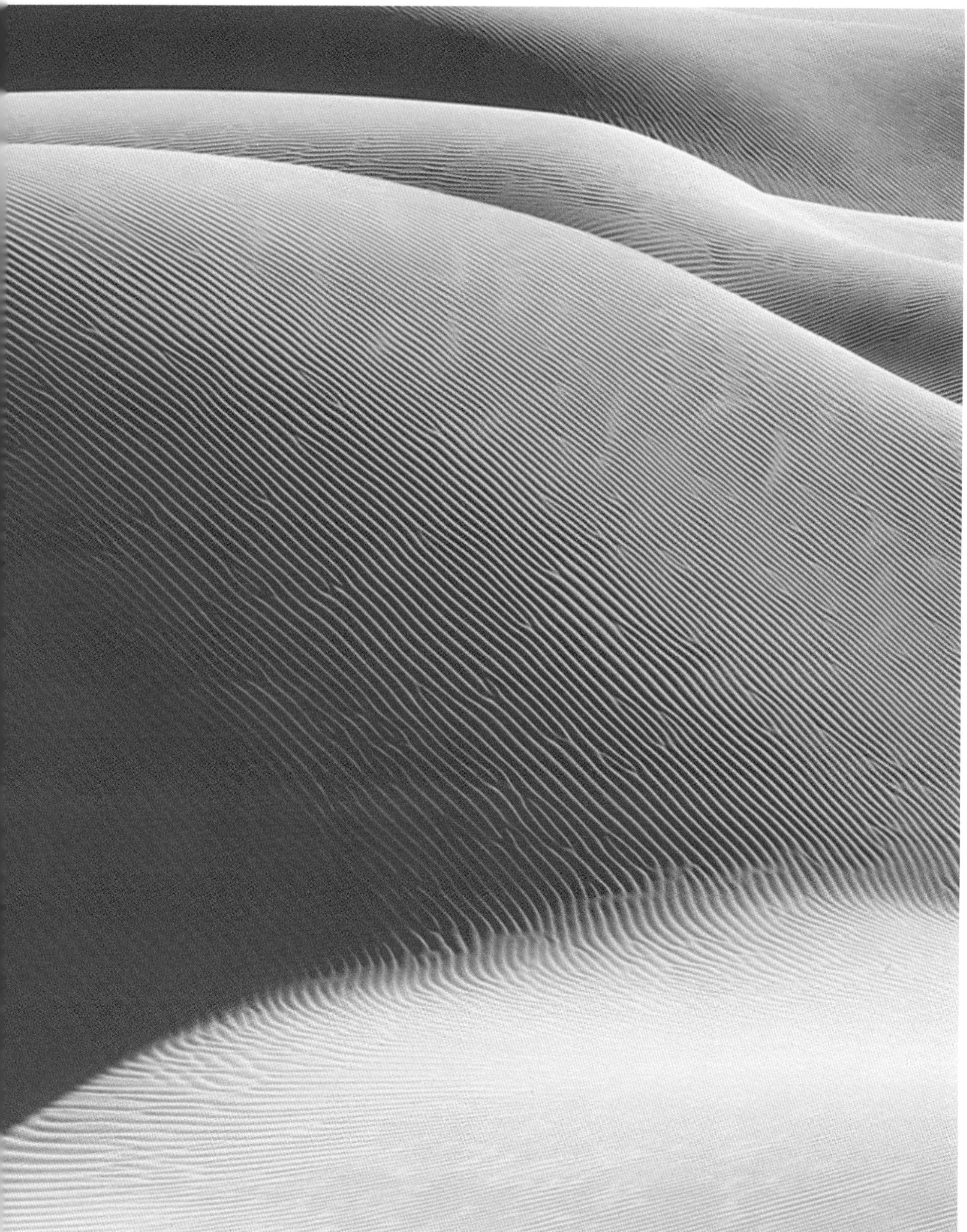

seinen schlafsack. eine viertelstunde nach sonnenuntergang kann man schon schlottern.

ein wüstenanzug ist für kolonialherrn ein leichter anzug mit kurzen ärmeln. der beduine trägt seinen burnus offen, halboffen oder geschlossen, bei tag, um sich vor der sonne zu schützen und am abend vor der kälte. auch am feuer kuschelt er sich in das viele tuch und umschlingt sich beim schlaf, die kapuze übergezogen. fast eine winternacht bricht herein.

die nacht

der himmel in der wüste ist nachts so klar, daß man mit bloßem auge die satelliten fliegen sieht, solange sie sich nicht im erdschatten bewegen und das sonnenlicht noch reflektieren können. einmal sah es so aus, als würden drei satelliten zusammenstoßen. es ist schön, wie sie geräuschlos und mit großer gleichmäßigkeit durch die sternbilder ziehen. ringsum ist stille, der himmel ist groß und weit, funkelt und funkelt, und diese lichtpunkte sind in diesem moment das einzig bewegte der stunde.

es gibt am himmel so viele sterne, daß die uns bekannten großen sterne der sternbilder etwas zurücktreten und in der funkelnden fülle verlorengehen. tritt ein stern über den horizont, ist er sofort voll leuchtend da. es gibt keinen dunst, der ihn eine zeitlang verschluckt halten könnte. das funkeln ist ausgeprägter. auch die beteigeuze funkelt wie bei uns der sirius. und planeten sind deutlich so viel heller, daß sie nicht mit einem fixstern verwechselt werden könnten. die milchstraße ist nicht nur ein schimmer, sondern hat deutliche konturen, zonen, gassen und verdichtungen. in einer nacht sieht man mehr sternschnuppen als bei uns das ganze jahr über. ihre leuchtspur ist länger, oft ein atemberaubender strich.

man liegt in seinem schlafsack und schaut stundenlang in eine funkelnde brillanz, erfindet neue sternbilder. der schlaf auf dem blanken boden ist nicht so fest, daß man nicht gelegentlich aufwachen würde. man liest an der drehung des himmels, am stand der capella oder des aldebarans die stunde der nacht ab oder an einem sternbild, das neu über den horizont hochgekommen ist. selbst der große wagen, bei uns immer am himmel,

dert, wobei der kopf etwa in höhe der trennschicht war. wir sahen gewissermaßen knapp über den horizont des hitzesees hinweg und sahen das eigenartige schauspiel, daß der wind von dem see hitzefetzen wie protuberanzen wegriß und das meer zu brodeln begann und wogen erzeugte, die sich zu überstürzen schienen.

die gleichzeitige verteilung von stehender heißluft in einer mächtigkeit von oft nur ein, zwei metern und der darüberstreichenden kühleren luft kennzeichnet das wüstenklima. es kann gleichzeitig frisch und heiß sein. so hat der, der auf dem kamel reitet, meistens die gunst der frischeren luft, wer zu fuß geht, watet oft schwer durch einen glutsee hindurch.

inzwischen wissen wir das. bei der wanderung mit manuel haben wir an einem nachmittag fünf flaschen wasser gebraucht. bei einem umweg wär's vielleicht eine gewesen.

sofern man wählen kann ...

essen

wir essen oft nur einmal am tag. abends. in der hitze kann man nicht viel essen. zuhause essen wir mehr zum ausgleich denn zur versorgung, mehr als vergnügen, als psychologischen lohn für ein leben, das zwischen beruf und gesellschaftsordnung rabiat eingespannt ist. hier essen wir, soviel wir brauchen. es ist wenig und es ist ein ereignis. brot, etwas wurst und eine pfefferschote dazu. hinterher drei datteln. mehr nicht. sie schmecken wie zwanzig. und von dem brot, das wir von zu hause mitgenommen haben, bringen wir noch etwas heim.

nahrung wie gesagt, man ißt wenig. in der hitze und anstrengung des gehens verschlägt es einem den appetit. trinken ist alles.

insofern gab es nie besondere probleme. aber wir sind sicher, noch nicht die richtige form der ernährung gefunden zu haben. zunächst hatte ich den üblichen trend mitgemacht und mich mit kleinkonserven an wurst und knäkebrot eingedeckt, dazu fischkonserven und käse in aluverpackung.

ins erg megraoun hat uns ein auto wasser und nahrungsmittel antransportiert. so kamen wir zu grünzeug und obst, das auf dem markt von el golea frisch zu kaufen war, besonders tomaten und orangen. auf der transsaharastraße war ein Lkw bei einer sandwehe umgekippt, beladen bis oben hin mit tomaten. wir konnten uns vollstopfen damit, wo immer platz war. das führte dazu, daß die wurst und das fleisch fast nicht mehr angerührt wurden. fett widerstrebte einem.

nach einem gang durch die dünen, der uns die letzte kraft abverlangte, aß ich nur noch apfelsinen, an die zwanzig stück.

am oued in sukki hat sich diese erfahrung bestätigt. die konserven blieben liegen. das war zum teil in der miserablen qualität begründet. unter dem motto ›frisch aus deutschen landen‹ werden fleischabfälle und fettreste zu wurstbrei verarbeitet. das mag einem maurerpolier als würze zum bierkonsum reichen, bei angegriffenen kräften wird man mindestens so wählerisch wie eine katze oder ein hund.

so kann ich die leberpastete und die sogenannte bayeri-

89

sche jagdwurst oder schwäbische landrotwurst nicht mehr riechen. was tun?

zum tragen sind obst und gemüse zu schwer. wir brauchen konzentrierte nahrung. ob wir gries mitnehmen sollen, um wie ali und much' med brot zu backen? das würde bedeuten: wieder mehr wasser für teig und geschirrreinigung. mir scheint fast, daß wir außer einer negativen erfahrung bisher nichts eingebracht haben.

der trend, den wir zu gehen haben, zeigt sich vielleicht auch darin, daß wir uns nach der rückkehr in die oase zuerst einer salatorgie hingeben. wir kaufen kiloweis tomaten, fenchel, zwiebeln, sind mittags und abends am schnipseln und schneiden und mischen uns mit dem heimischen olivenöl wahre köstlichkeiten an. mit einer flasche wein und baguettes ist das die grande cuisine.

gelernt haben wir, auf geschmack zu achten. zuerst ging ich sogar ohne salz. heute tut etwas tomatenmark oder senf oder pfeffer, selbst in kleinen mengen, einiges, um den appetit nicht ganz absterben zu lassen.

es läßt sich so auch verhindern, daß knäckebrot durch den ständigen gebrauch zum gipsschrot wird, der einem trotz ständigem kauen die letzte feuchtigkeit aus dem mund zieht.

ein kitz oder lamm wird heute in der wüste nicht mehr geschlachtet. die nomadenzelte sind verschwunden. aber ich hatte noch den letzten rockzipfel einer epoche erwischt, als jeder fremdling geradezu genötigt wurde, am allgemeinen mahl teilzunehmen, das dann natürlich besonders aufwendig ausfiel. die schwierigkeit, die mir das trinken von ziegenmilch bereitet, wurde vielfältig kompensiert durch ein fleisch, das über einem würzigen wüstenholz gebraten war. der rauch dieses holzes ist schärfer und kräftiger und beizt das fleisch fast ohne würze.

nach dem regen trocknet der sand, je nachdem ob er locker liegt oder fest abgelagert ist, verschieden schnell ab. die oberfläche der dünen wird marmoriert.

reinlichkeit

es gibt meister im orangenschälen. bei mir bricht die orange in der regel auf. zwar habe ich mein messer zuhilfe genommen, die kappe abgeschnitten, meridiane gezogen, und trotzdem reißt die schale, die ich ablöse, auch das fleisch auf. meine hände werden klebrig und damit auch mein messer. wie das wieder sauber bekommen?

in der wüste nimmt man ein wenig sand, reibt sich damit die hände und ist wieder blitzeblank. zum messer braucht man wasser. da dieses kostbar ist, befeuchtet man das taschentuch oder ein blatt von der WC-papierrolle, die immer dabei ist, und macht es sauber bis in die ritzen. sand ist hier ein wunderbares reinigungsmittel, ohne einen anteil lehm oder erde. die kristallkörner sind von unterschiedlicher größe. durch das reiben kann man erst die groben körner abfallen lassen, am ende den feinen, jede falte erfassenden grieß.

meine mutter hat noch sand gekannt. manche dinge, wie holztische, lassen sich mit nichts besser sauber bekommen als mit sand. von der wüste aus gesehen, muß es nicht das dümmste gewesen sein, sich mit puder zu säubern, wie man es im barock machte.

hände, die so gereinigt werden, sind nie fettlos wie solche, die man mit seife wäscht. und unsere haut braucht fett, um geschmeidig zu bleiben. es wundert mich nicht, daß heute nach dem superboom der seifenindustrie wieder der ruf laut wird, sich nicht durch seife total zu

taucht hier teilweise unter den horizont, was einen ebenso seltsam berührt wie der hohe stand des orion, der bei uns weit im süden steht.

bei der absoluten stille und höhe der himmelswölbung empfindet man sich, so daliegend in seinem schlafsack, als teil des weltalls, teil des sonnensystems, und der eigene standort ist einbezogen in die rotationen der himmelskörper. man empfindet es fast körperlich, daß man an seinem platz nicht stillsteht, sich vielmehr so rasch um die erdachse, die der polarstern signalisiert, nach osten dreht, daß man in einer nacht ein paar tausend kilometer zurückgelegt hat und beim aufwachen jenseits des nordpols unter einem sternbild liegt, das demjenigen symmetrisch gegenübersteht, unter dem man sich zur ruhe begeben hat.

sterne

bis heute dachte ich, der orion sei das schönste aller sternbilder. neben der geschlossenheit der figur, ihrer unzweideutigen zuordnung zu einer einheit, kam noch die ordnung in verschiedene achsen, der genuß der struktur selbst.

jetzt kenne ich eine ecke im himmelsgewölbe, die wie ein schauspiel ist gegenüber dem auftritt einer einzelnen figur, das lichtspektakel um schütze, skorpion und centaur mit dem kreuz des südens. das licht besteht nicht mehr aus einzelnen punkten, es ist wie verspritzt, als hätte der big bang eben erst stattgefunden. alte worte fallen einem ein: geschmeide, gepränge. zwar gibt es sterne mit einzelcharakter und festen namen, wie der brillierende antares, der erdnahe toliman, der akrub, die spika und der über allem thronende arktur, aber sie sind eingebettet in reflexe, schimmer, als schwebten tausend galaxien, sternhaufen, sternnebel in lichtfahnen. die milchstraße mischt sich in ihrer wildesten gebärde und in expressivem auftreten darunter. nur das kreuz des südens bewahrt seine statische gestalt.

wir hatten die nächte ziemlich genau westwärts zu gehen. vom großen östlichen erg herüber zum großen westlichen erg. der erste orientierungspunkt waren die plejaden, das siebengestirn, ein kindergarten von raffaelputten. rechts tauchte majestätisch die cassiopeia unter, neben orion und großem wagen das auffälligste sternbild, etwas weniger selbstbewußt vielleicht, aber im nordwesten jetzt groß über den horizont gespannt.

die nacht war dunkel. man konnte die eigenen füße

entfetten. auch den füßen kann nichts besseres passieren, als wenn man täglich barfuß durch wüstensand geht.

so ist einiges gar nicht so problematisch, wie man es sich zunächst denken mag. was allerdings mit dem gesicht, mit den zähnen und den unteren öffnungen? es ist nicht verwunderlich, daß der prophet reinigungen als religiösen akt vorgeschrieben hat, und zwar tägliche reinigungen. in der hitze werden ausscheidungen - und der körper scheidet ständig und überall wasser, salz, talg, fett und sekrete aus - leichter zu krankheitsherden, wenn auch die luft fast keimfrei ist.

ein morgendlicher abstecher hinter eine sanddüne mit der feldflasche in der hand benötigt nur wenig wasser, wenn man die hand als reinigungsinstrument benützt und sie zwischendurch mit sand reinigt.

das große geschäft ist für uns ohne papier nicht denkbar, und so geht immer eine

die heraldischen grundfiguren der wüstenländer sind nicht löwe und adler, sondern mond und sterne. gestirne haben in der tat eine besondere deutlichkeit. astronomische erscheinungen, wie hier eine unter dem mond hängende venus, werden stärker wahrgenommen.

nicht sehen, als ginge man in einem schwarzen see. wir gingen über grobe steine. ich riß bei einem sturz hände und knie auf. aber nichts schlimmes. es war ein gang mit lichtern, brennender haut und schweigen.

die plejaden drehten sich allmählich aus unserem kurs, bewegten sich nördlich auf den schwarzen horizont zu. der nächste orientierungsstern war der aldebaran im stier.

»alt ist er wie ein rabe, kennt manches land, mein vater hat als knabe ihn schon gekannt.« es ist mein lieblingsstern, den ich mit meinem lieblingsvers belegt habe, einer kombination von stabreim und endreim, was zu einem phonetischen gemälde wird: »alt ist er wie ein rabe, kennt manches land, mein vater hat als knabe ihn schon gekannt.«

der aldebaran ist ein einzelgänger, ein trapper. er lebt ohne tuchfühlung. das sternbild, in dem er steht, der stier (wir nannten es fuchs), ist unbedeutend. er selbst hat autorität ohne auftritt.

der orion drang in den westen ein, schon fast liegend, was ihm noch mehr tempo gab, unterm horizont unterzutauchen. eine zeitlang hielt uns die beteigeuze auf unserem kurs.

zum jäger wird der orion aber eigentlich erst durch den sirius im großen hund, der am orion hochspringt. beide kehren von der jagd heim. hier in der wüste funkelt der sirius, als gebe er morsezeichen, mit blitzen und ausfällen. nicht nur der hellste, auch der schönste stern. kaltes, blaues licht aus größten fernen.

da die wüste eine trockene luft hat und sich kein dunst bildet, steht jeder stern ohne blässe da. kein medium trennt ihn von uns. er ist vis-à-vis, per du, und nicht entfernt, auch wenn er weit weg ist.

obwohl unsere augen mit dem beschäftigt waren, was vor uns lag, auch wenn man so gut wie nichts erkennen konnte, immerhin aus der hoffnung gespeist, lieber kies- und geröllfelder als eine steinwüste zu erwischen, blickten wir mehr und mehr nach süden, gelegentlich zurück nach südosten. da bereitete sich der große auftritt vor: der centaur mit dem kreuz des südens war schon da, dann kamen skorpion und schütze, eine sternenfontäne im gischt der milchstraße mit einer spitze hoch am himmel, dem arktur, dem hellsten stern des nördlichen himmels. das kreuz des südens ist eine überraschung. es ist klein wie ein kreuz am halsband, aber aus purem gold. man kann es nicht übersehen. es gibt andere kreuze am himmel, im schwan oder im pegasus, mächtigere. dieses kreuz ist kleiner, aber intensiver, ungewöhnlich präsent, nicht übersehbar. die dichte der vier sterne zueinander macht das bild eindringlich.

im westen wird es ruhiger und dunkler, je mehr sich das lichtermeer im südosten auftut. nur noch der kleine hund steht über dem weg und dient uns als fixierpunkt.

zur not haben wir natürlich immer den polarstern, der uns hilft, in dieser schwarzen ebene uns zu orientieren. von ihm aus legen wir auch alle sterne fest, die wir als zielsterne über unserem weg ausmachen. aber man vertut sich leichter, wenn man in einem winkel zum polarstern geht, statt auf einen zielpunkt zu, der vor einem liegt.

das kreuz des südens steht nun genau im süden, die sternbilder östlich davon, das südliche dreieck, der centaur, die südliche krone, der wolf, der skorpion, der schütze, die jungfrau und die schlange sind uns mitteleuropäern nicht geläufig. es stellt sich aber auch kein bedürfnis ein, zu ordnen und zu figurieren. man ist baff vor so viel gefunkel. sterne werden zu wolken, feldern, seen, haben weniger struktur als eigenschaften. sie blühen in sträußen, sie bilden eine glut, sie sind so wenig greifbar wie geglitzer und schimmer. auch die einzelsterne, die in diesem perlmutt herumschwimmen, sind schlecht zu fixieren. meist ist ein zweiter oder dritter stern daneben, oder sie sind in den schein der milchstraßenwolken eingebettet, die wie fahnen vom horizont hochziehen.

schließlich kommt der mond, eine schmale sichel. erst liegend, dann sich aufrichtend, und unter ihm hängt wie eine gondel: die venus. wir hatten uns hingelegt gehabt, etwas geschlafen, und stehen nun vor dem spektakel des morgenlandes: der mond und der stern. was in allen heraldischen symbolen des ostens auftaucht, der mond und der stern, zieht nun als himmlische regie auf.

die vorankündigung der sonne ist zu spüren. erst ein kaum wahrnehmbarer schein senkrecht vom horizont aufsteigend, hoch hinauf. dann wird der horizont kaltblau und grün. was dem licht der mondsichel und der venus noch mehr eindringlichkeit gibt. die sterne scheinen eher zu verblassen, der mond wird brillanter. unmittelbar neben das grün am horizont setzt sich ein streifen orange und dann rot. das große ereignis kündigt sich an. der antares im skorpion steht noch ungebrochen an der grenze zur dunkelheit, mitten in dieser schatzkammer des himmels. aber ein stern nach dem andern verblasst hinter dem schein, der die sonne ankündigt.

das schönste, was der himmel uns anzubieten hat, alles hat er uns in dieser nacht gezeigt. und wir kommen ohne weg, querfeldein mit dem sonnenaufgang genau an dem punkt an, wo der oued mya zu überqueren ist.

rolle weißes papier mit. sie ist zu allem möglichen gut. trotzdem empfiehlt sich eine nachreinigung mit wasser und hand. dem propheten hätte unsere art nicht gefallen, mit papier eher zu verwischen als zu reinigen. das alles kostet keine schüsseln von wasser, wenn man der hand zugesteht, daß sie jeweils mit sand gereinigt wird. sand ist sauberer als die chemikalienbestückte seife bei uns zu hause. zudem sind die hände trocken, sobald der sand abgerieben ist.

es bleibt allerdings ein großes erlebnis, wenn wir aus der wüste raus sind, in der oase ein vollbad zu nehmen. dazu ziehen wir eine absteige mit wasserschlauch im garten jedem hotel vor. waschbecken und dusche sind nur gut zu einer disziplinierten art, sich sauberzumachen, deren bedingungen durch unsere augenblickliche zivilisation bestimmt werden. wir rechnen für eine totalreinigung von ausrüstung und uns selbst fast einen ganzen tag, soviel, wie für den kundendienst unserer autos.

fast bei jedem unternehmen gehen wir ein, zwei brunnen an. so kommen wir auch in der wüste zu einem vollbad, einer wahren badeorgie, sofern die brunnen ausreichend wasser führen. und gelegentlich ist auch ein tümpel vom letzten regen übrig geblieben. wasser ist dann stets als aufforderung anzusehen, es dem propheten recht zu machen.

was die kleidung betrifft, so sind wir im wechseln eher lässig. nur die socken werden alle zwei tage gewechselt. die füße verdienen neben barfuß gehen auch in dieser hinsicht eine bevorzugte behandlung. allerdings werden bei jeder sich bietenden gelegenheit schlafsack, schlafanzug, unterwäsche und strümpfe aus dem rucksack genommen und in die sonne zum auslüften gelegt. ein camp sieht bei uns aus, als ob waschtag gewesen wäre. alles ist ausgebreitet.

krankheiten

krank geworden im gewöhnlichen sinn bin ich nie. das essen ist karg, fast eine diätkost. man ißt wenig, was nicht gesundheitsschädigend sein soll.

die luft ist rein. erkältungen kann es geben, wenn man sich nicht auf die großen temperaturwechsel zwischen tag und nacht einstellt. der sand ist so gut wie keimfrei. entzündungen sind auch bei verletzungen nie aufgetreten. die wüste ist sauber wie ein operationssaal, hat trockene, gesunde luft.

schwierigkeiten haben nur wundgelaufene füße gemacht

orientierung

im flugzeug habe ich einmal die orientierung verloren. das ist ein heilloser zustand. plötzlich zieht es einem den boden unter den füßen weg. ich flog ohne karte, weil ich die gegend zu kennen glaubte. sonst lag sie auf meinen knien, und ich verfolgte den flug auf der karte, hügel für hügel, straße für straße, eisenbahn für eisenbahn, dorf für dorf. beim fliegen ist das doppelt unheimlich, weil man ja wieder runter muß, runter auf einen genauen punkt, einen platz.

plötzlich ist man mit sich allein. die umwelt, mit der wir ein korrespondierendes system bilden, schaltet sich aus. sie antwortet nicht mehr. sie sagt nicht mehr, du bist hier oder da, sie schweigt. sie schweigt eisig.

sich orientieren ist nicht eine gabe, ein vermögen, das man hat oder nicht. es ist eine voraussetzung, überhaupt existieren zu können. die ansprache auf jede art von umfeld ist teil unserer existenz. mit jeweiliger ortsbestimmung leben ist die voraussetzung unserer freiheit, unseres selbstbewußtseins. zu wissen, wo ich bin, wo ich mich befinde, ist die voraussetzung dafür, wohin ich mich zu bewegen habe, so oder so.

auch politisch habe ich einmal für tage die orientierung verloren, als mich hans fast dazu brachte, in seine gruppe bei der hitlerjugend einzutreten. der druck von allen seiten war groß, von freunden, von den eltern, von den lehrern. schließlich war mitgliedschaft in einer organisation pflicht geworden. ich habe es gottlob überstanden.

auch mit dem flugzeug habe ich mich wieder zurechtgefunden. ich entdeckte ein dorf, sah es nicht nur, sondern identifizierte es, brachte es in übereinstimmung mit meinem wissen. es war, als würde der umwelt plötzlich erkenntnis eingeschossen. was nichts war als nackte objektivität, teilte sich mit.

in der wüste kann man keine stunde ohne das wissen sein, wo man sich befindet. orientierung ist ähnlich folgenschwer wie beim fliegen. selbst wenn man behutsam und vorsichtig seine routen plant, kann ein orientierungsfehler das ende bedeuten. zweimal habe ich mich verhauen. nicht schwer, aber doch so, daß man danach gerne die orientierungswachsamkeit noch steigert, sich noch mehr die tugend von füchsen aneignet, nie einen unregistrierten schritt zu tun, nie eine unkalkulierte richtung einzuschlagen. man kann sich dazu erziehen, sich dies

und allgemeine schwächezustände. ein eingelegter ruhetag, sofern möglich, hat der rekonvaleszenz genüge getan.

in der wüste geht die sonne jahraus, jahrein um sechs uhr auf und um sechs uhr unter. tag- und nachtunterschiede sind minimal. das führt zu viel schlaf, wenn man nicht nachts zu gehen hat. alles in allem eine region, die auch ärzte nur empfehlen könnten.

hinzu kommt, daß gehen auch eine regenerative bewegung ist.

vorsorgemedizin nehmen wir mit gegen fußbeschwerden, einschließlich verstauchungen. dies aus guten gründen. dann gegen magen- und darmverstimmungen bei verdorbenen lebensmitteln. schließlich gegen wunden. schlangen haben wir nie zu fürchten gehabt. es nützt aber zu wissen, was man dagegen tut.

wasser

das meiste gepäck ist wasser: sechs bis acht literflaschen in aluminium im rucksack und zwei liter in einer tragtasche: hier gibt es keine enthaltsamkeit, nur eine grenze des gewichts. zu sparen wäre falsch, der körper kriegt, was er braucht. trotzdem gibt es einen gewissen grad der enthaltsamkeit. dazu gehört, daß man es nach möglichkeit nicht zu einem richtigen durst kommen lassen sollte, weil man dann zu gierig trinkt. lieber vorher weniger und öfter trinken.

um wasser zu sparen, gehen wir in der regel bei nacht. in der haupthitze stellen wir uns tot. man ist auch meistens wie gelähmt. es kostet allein schon mühe, schuhe zu schnüren.

alle tätigkeiten bekommen ihren rhythmus aus dem gesichtspunkt: wasser zu sparen, keine tätigkeit so zu forcieren, daß sie einen zum schwitzen bringt. man ist dauernd damit beschäftigt, alles richtig zu machen, das heißt wasser zu sparen. das macht jeden schluck zum ereignis, dem jeweils allerlei reflexionen vorausgehen. wir lernen die verschiedensten arten zu trinken. schluck ist nicht gleich schluck. der subtilste rat ist, das wasser im mund zu behalten und luft dazu einzuziehen. es perlt und erfrischt noch mehr.

ob man lust auf wein, alkohol oder nur säfte bekäme? am anfang braucht es seine zeit, bis man abstand von seinen gewohnheiten bekommt. zu hause trinken wir so gut wie kein wasser mehr. das überrascht uns. man trinkt kaffee, säfte, limonade, colas, wein, bier – alles, was aroma und geschmack vermittelt. hier gibt es für wasser keine steigerung. gerade die neutralität des geschmacks macht die besonderheit des wassers aus. es ist maßstab für alles zu trinkende. es ist ein absoluter wert. alles andere sind ableitungen. aroma haben getränke, die es nötig haben. nicht einmal der alkohol als alkohol, als tranquilizer, als äquivalenz zum zivilisationsdruck bleibt als bedürfnis. der anlaß für alkohol verflüchtigt sich.

nicht jeder brunnen gibt das gleiche wasser. zwei sind

anzueignen ohne große geschäftigkeit, ohne organisatorischen oder operativen aufwand. so wie man sich ja auch dazu erziehen kann, mit wachsamkeit zu schlafen.

damals waren es ein pfarrer, die philosophie und mein nietzsche, die mir erlaubten, meine position zu bestimmen. ich konnte nicht den übermenschen gegen sokrates ausspielen (wobei ich noch gar nicht wußte, wie falsch zarathustra interpretiert wurde, und daß gerade er es war, der tugend und sünde in unser wertsystem integrierte. keine rede vom wertfreien bestimmen der geschichte durch eigenmotiviertes machen). zudem hat jemand schwierigkeiten mit elitären ansprüchen, der auf der gasse aufgewachsen ist. und die geschichte meines vaterlandes bot sich mir an, nicht als die eines vaters, sondern als die eines diebes, der meinen vorfahren ständig unter falschen beteuerungen das geld aus der kasse nahm, um den cliquenspaß des krieges treiben zu können. damit war ein falsches netzwerk eliminiert, das jede orientierung hätte verfälschen können, das vaterland. als ich dann beinahe ein kind noch, in einzelhaft kam, fühlte ich mich frei wie ein freibeuter auf einem schiff. ich stand in niemandes diensten, lief häfen und küsten an, die ich selbst bestimmte. ich war geschlagen, allein, aber unabhängig.

orientierung schlug um in witterung. dieser sensibilisierung schreibe ich das glück zu, als deserteur mich dem kriegshandwerk entzogen zu haben, ohne gefaßt zu werden, über jahre hin. mag sein, daß das spuren, schäden sogar, hinterläßt. ich bin nicht als fröhlicher, in abenteuern gebadeter oberleutnant aus dem krieg heimgekehrt, wie so mancher unserer größen heute. man schlägt sich nicht ungestraft gegen eine ganze armee, ein ganzes heer, eine ganze nation herum. dem sinn für orientierung aber kommt es zugute.

rein physisch lebe ich nie ohne inneren kompaß. man mag mir die augen verbinden, mich ein paarmal im kreis drehen, ich weiß dann immer noch, wohin ich mich zu orientieren habe.

diese sicherheit führt allerdings auch dazu, daß einem fehler mehr zu schaffen machen.

so hat es mich am hellichten tage einmal nach norden verhauen. die sonne war fast ganz hinter wolken versteckt, das licht trübe. immerhin war sie auszumachen. und nichts leichteres, als genau nach westen zu gehen. aber ich hatte außer acht gelassen, daß die sonnenbahn gegen den äquator immer steiler wird, im wendekreis des krebses jetzt fast senkrecht auf den horizont zuging. ich nahm den sonnenuntergang, westen, viel zu weit im norden an.

glücklicherweise war die karte, nach der ich mich orientierte, sehr genau. aber wenn man stunden in die falsche richtung ging, tut es weh, einen fehler mit eigenen beinen wettzumachen. es war eine 200tausender karte, das genaueste, was von der sahara aufzutreiben war.

nur in diesem maßstab oder einem kleineren kann man sich in wasserlosen gegenden herumtreiben. es ist zwar auch nicht jeder hügel verzeichnet, aber die landschaft bildet sich doch so ab, daß übersetzungen nicht zu viel phantasie ins spiel bringen und fehlinterpretationen begünstigen.

eine 500tausender karte, die ich früher bevorzugte, dient zur ganz allgemeinen orientierung. immerhin durchziehen wir ein gebiet von rund 300 × 300 km. da lohnt es sich, größere relationen wahrzunehmen.

die karte trage ich so, daß ich ständig nach ihr greifen kann. den weg verfolge ich ständig wie im flugzeug, auch über problemlose strecken. die ständige wechselprojektion von der karte in die realität und von der realität in die karte erhöht die sicherheit im lesen der zeichensprache.

das zweite mißverständnis hatte ich eines nachts, als ich mit manuel einen dünenzug durchqueren sollte, um nach hassi moussa zu kommen. es gab da eine senke, die wir zuvor gefunden hatten. da dünen in der dämmerung zu einem leichentuch verbleichen ohne jede kontur und in der mondlosen nacht nur noch zu erahnen sind, irrten wir hin und her, bis in die ersten morgenstunden. weder karte noch kompaß hätten uns hier helfen können, nur die wahrnehmung vermag eine umwelt, die finster und feindlich zu werden beginnt, zu entdämonisieren und mit dem gefundenen weg zur freundlichsten aller freundlichen welten zu machen.

vielleicht hätte es uns auch geholfen, eine übung zu intensivieren, die für uns allgemein geworden ist und die in verschiedener hinsicht das orientierungsvermögen unterstützt: wir geben auffälligen landschaftsteilen eigene namen. es gibt den sattelkegel, das gugelhopfland und das paradies. namen schaffen bleibende bilder, detaillieren das panorama und lassen landschaft sprachlich transportierbar werden. man kann sich darüber verständigen.

ich bin schon mit einem walky-talky in die wüste gefahren, dachte, die ständige korrespondenz mit kollegen würde der sache nützlich sein. aber solche groß-organisation im stil der armeeausstattung ist ein modisches mißverständnis. es zerstört die sprache, statt sie zu fördern.

---

salzig, einer ist brackig und nur einer hat wasser, wie wasser sein muß. so der in fort miribel. wir taufen es um in fort miriquell. zwei tage haben wir uns an diesem brunnen aufgehalten. getrunken, gewaschen, getrunken...

die andern brunnen haben zuviel mineralien und salze, man macht die augen zu, trinkt, der körper hat sein wasser...

fotos von der wüste

ich wurde danach gefragt. nein, gegen bezahlung würde ich das alles nicht machen. fotos dieser art würde ich als auftrag nicht übernehmen. das risiko, das ich eingehe, die belastung, die mühen, sind privat. amouren sind privat. bezahlung eliminiert sie. wenn geld im spiel ist, lösen sie sich auf. leidenschaft hört auf, leidenschaft zu sein, wenn sie kalkuliert wird. gerade weil der einsatz hoch ist, läßt er sich nicht bezahlen. arbeit kann man mit geld entlohnen, nicht freundschaft, nicht zuneigung, nicht passion. wer hoch spielt, kann nur aus sich heraus spielen.

ja, es ist eine passion. ich muß ja nicht der fiktion unserer jetzigen zivilisation nachlaufen, passion sei sex und man habe sexy zu sein bis ins alter. es gibt andersartige amouren. menschliche kultur ist erfindung von neuen passionen, leben in neuen entwürfen. ein hoher materieller standard rechtfertigt sich zuerst als basis solcher passionen. lebensstandard als lebensstandard zu konsumieren, schafft langeweile, unmut bis zur selbstaufgabe.

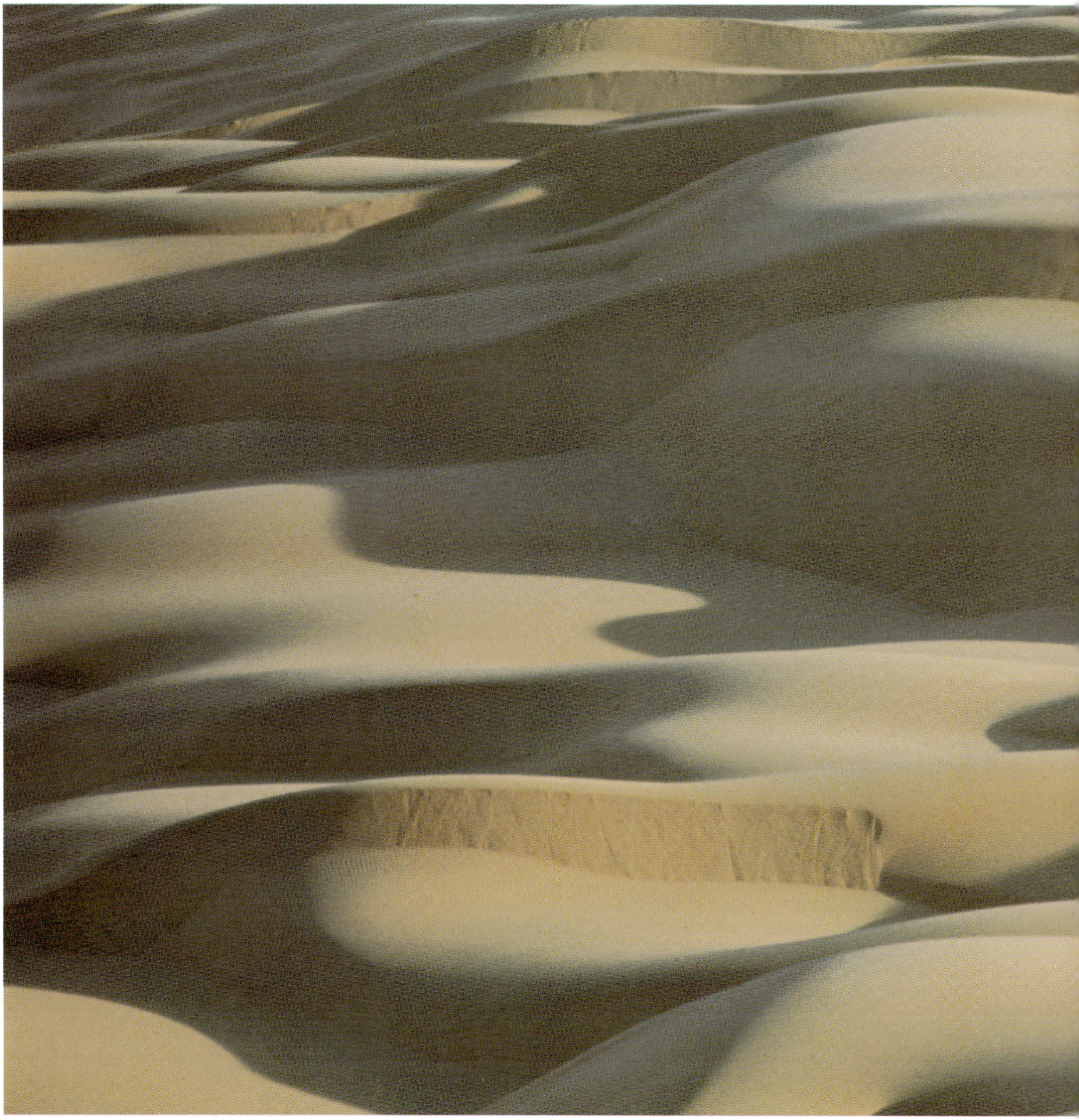

die ästhetische welt der wüste ist auf einige wenige faktoren reduziert. dünen sind elementare gebilde aus sand, wind und licht. die reduktion der elemente verstärkt die gegenwärtigkeit. dünenlandschaften erzählen wenig und sind daher so eindringlich.

was ali so mitnimmt

das einzige messer des haushalts steckt er sich als dolch in eine scheide am koppel. der große teppich, der stolz der familie, geht auch auf dem kamelsattel mit. an sich brauchte er ihn nicht. er hat zwei burnusse dabei, die für die nacht ausreichen. aber mit dem mann reist die würde der familie.

dann werden tierfallen zugeladen, die abends für füchse und luchse verteilt werden. wasser ist wie überall bei nomaden in einem stück an den enden zugebundenen Lkw-schlauchs untergebracht, gut 20 liter. in einem sack gibt es zwei kleine gläser für den tee am morgen und am abend, dazu tee und der ganze kiloschwere zuckerhut. auch er zeigt besitzstand an, leben könnten wir davon monate. zum tee gehört noch die kleine gußeiserne kanne, die man in die glut stellt. jeden abend backt sich ali mit grob gemahlenem mehl und etwas salz und wasser sein brot. dazu braucht man eine kleine schüssel, in der der teig lange geknetet wird. dann formt man zwischen den flachen händen drehend einen fladen

funker, auch im sprechfunkverkehr, tauschen signale aus. aber sie sprechen nicht. das sind sprachfetzen, ankommende und abgehende mitteilungen, ein dialog entsteht nicht (nur einmal habe ich über den sprechfunk wirkliche sprache mitbekommen, als im krieg ein pilot, der angeschossen wurde, nicht mehr dazu kam, sein gerät abzustellen. man hörte ihn sprechen, weil er kein gerät mehr besprach).

ganz abgesehen davon, daß sprechfunkgeräte batterien brauchen, ersatzbatterien, zubehör, ein bißchen werkzeug, alles dinge, die die beweglichkeit reduzieren statt sie zu erhöhen. mir leuchtet die theorie ein, daß die saurier an ihrer unbeweglichkeit zugrunde gegangen seien, die verursacht wurde durch einen zu langsamen kommunikationsfluß zwischen großgehirn und vegetativen impulszentren. schließlich sind alle großarmeen mit ihrer supertechnik geschlagen worden. in finnland, in china, in algerien, in vietnam. der stolz nationalstaatlicher machtentfaltung war im ernstfall immer blech, so wertvoll wie ihre orden.

sprechen heißt nicht, signale austauschen, sondern beobachtungen verwerten. dazu muß man zweifelnd antworten können, fragend erklären. man muß in eine antwort eine frage einpacken können, in eine frage eine behauptung. ein bild muß zu einem begriff werden, ein begriff sich in eine metapher auflösen.

und dazu braucht man namen. man geht also wie adam durchs paradies. man verteilt namen. diesem berg einen, jenem strauch einen. diesem tal und jenem brunnen. wir trinken aus der vogelquelle und baden im japanischen garten.

eine glocke von licht

der mumienschlafsack ist wie eine zweite haut. man hört den sturm, sand prasselt auf das tuch, und ist trotzdem geborgen. das atemloch vor dem gesicht hat man auf ein minimum zugeschnürt. man hat sich damit in den windschatten gedreht und fühlt sich wohlig geborgen in sich selbst.

der wind hat heute nacht gedreht. ich blinzle aus meiner kleinen schlafsacköffnung und sehe, daß der himmel bedeckt ist. dabei war gestern der strahlendste tag und ein wolkenloser abend. nur die sonne war beim untergang verdächtig bleich.

es ist sonntag. also ein richtiges sonntagswetter, denke ich. ein sonntag trüb und müde, wo man nicht weiß, was anfangen.

und wirft ihn in die heiße asche. gereinigt sieht das brot dann schöner aus, als es ist. für mein gefühl ist es zu wenig durch, zu speckig und schwer.

tagsüber reitet ali ohne unterbrechung durch. nur einmal gibt es eine pause, dort, wo die kamele etwas futter finden. dann zieht ali getrocknete datteln heraus, zerkleinert sie auf einem sack mit einem stein. schmeckt ganz wunderbar. erst dachte ich, es wäre arabische konditoreileistung, irgendeine karamelcreme, getrocknet. zum trinken hat ali einen aluminiumhenkeltopf mit, in dem während der rast am feuer immer wasser zum trinken, für den tee und zum spülen bereitsteht. und sein stolz: ali hat ein fernglas. er ist an einem abend dem eingefangenen blick nachgelaufen, kam drei stunden nicht zurück. es zog ihn an seinem fernglas immer weiter fort...

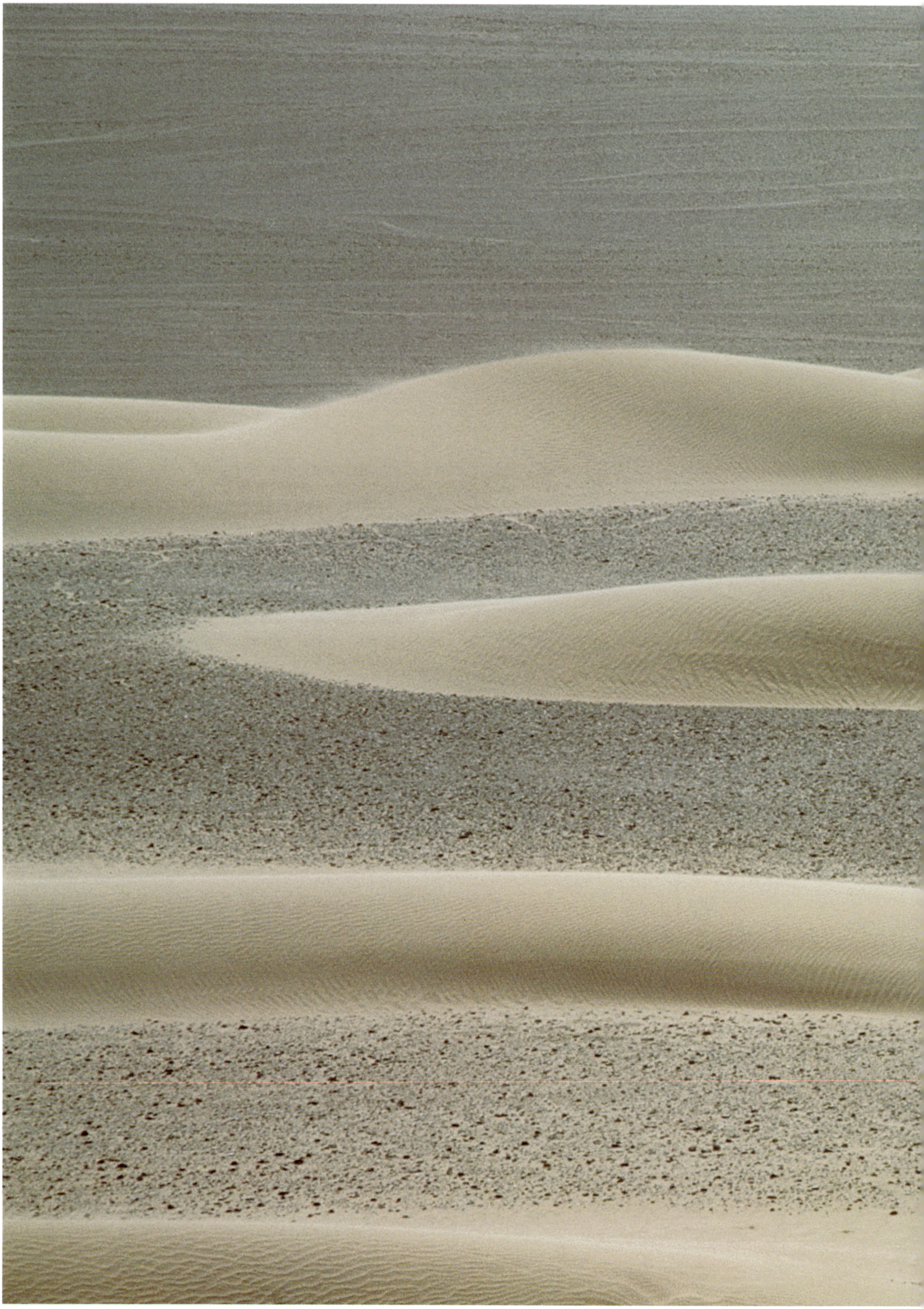

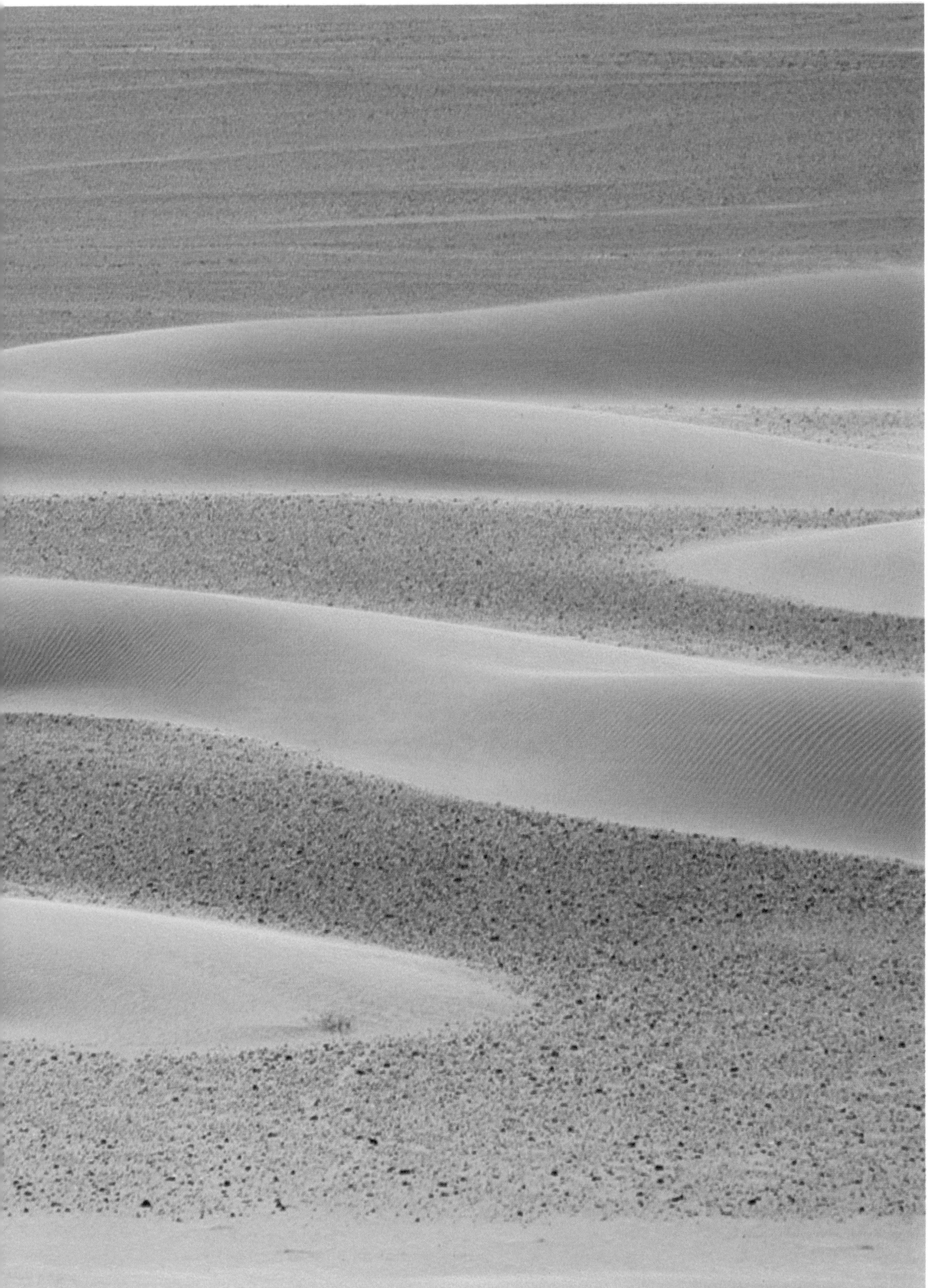

beim aufbruch wird gelegentlich ein stück himmel frei, die sonne wird hinter den wolken spürbar, aber dann wird es wieder grau. ein paar tropfen fallen. europäisches wetter, denke ich. die wüste ist wie verändert. sie ist nutzlos, ein vergessener rest erde, leer, hingeworfenes nichts. nur steine und sand. grau in grau.

es ist schön, in irland an einem solchen grauen windigen tag zu wandern. dadurch, daß keine sonne scheint, wird das grün der wiesen noch grüner, das moos der steine noch moosiger und das grau der wolken noch duftiger. hier fällt das land in sich zusammen. an diesem tag merke ich, was die wüste zur wüste macht.

gestern war ein dom von licht über dem land. der himmel makellos blau und tief. die sonne empfand man nicht als brennenden stern, vielmehr als quelle von licht, das wie materie die luft erfüllte, wie ein regen aus gold und silber. das licht war dicht, körperlich und doch nicht greifbar.

es war am el kheneg. ohnehin eine der schönsten dünenregionen, die ich kenne, wenn nicht die schönste. ein weites, flaches rund ist von drei dünenblöcken umstanden. zwischen ihnen tritt die ebene in die außenwelt. drei lichtgelbe sandmassive. auf einer seite stehen zwei einzelne umlaufkegel vor einer schotterterrasse. einer davon wie vom drechsler geschnitten.

die luft flimmerte in der hitze. das licht glitzerte auf den steinen der ebene und erzeugte einen film aus unwirklichkeit.

kein laut, kein ton. kein lebewesen. die stunde der geometrie. die zeit stand still.

wären einem noch pathos und panorama des 19. jahrhunderts geläufig, würde man seinem testament den wunsch anvertrauen, hier begraben zu werden.

hier unter dieser glocke von licht, im kreis der dünen und kegel, die wie auf einem teller dargeboten werden.

wind, sand und sterne, der berühmte titel von st. exupéry, sagt zu wenig über diese welt.

das material sand verliert sich sogar als stoff. es ist fast körperlos. ganz abgesehen davon, daß es heiß ist, gefangene hitze, widerspiegelt es licht. das licht liegt wie flimmer auf seinem gelb, braun und ocker.

auch wenn es nur zwei farben gibt, das azur des himmels und komplementär das ocker des sandes, ist dieser augenblick ohne farbe. auch der himmel, auch der sand transportieren mit ihrer farbe licht, sonne.

es gibt keine möglichkeit, dies zu fotografieren. ich mache auch keinen versuch. ich hebe einen kleinen bernsteinfarbenen kiesel auf, als erinnerung. und ziehe weiter.

kamele sie sind gutmütig, ausdauernd. doch wehleidig jammern sie schreiend, wenn sie auf die knie müssen zum aufsitzen, als ob's zur schlachtbank ginge. aber sie lassen sich auf der weide ohne widerwillen die vorderbeine zusammenbinden, und abends, wenn sie auf dem bauch liegen neben dem feuer, nachdem die beine wieder wie ein meterstab zusammenklappten, lassen sie sich die eingeknickten vorderläufe ohne murren so zusammenschnüren, daß sie nicht mehr aufstehen können. sonst wären sie am andern morgen irgendwo. trotzdem schlagen kamele gelegentlich mit steifem hinterbein nach hinten aus. aber helden sind sie nicht. umsomehr ist verlaß auf sie.

die hinterbeine sind schön. straff und schlank und hoch. sie haben etwas von froschschenkeln. unten sind sie breit und weich. kamele gehen auf kissen. ebenso ungewöhnlich ist der kopf mit dem lustigen lippen- und kauapparat, der immer in bewegung ist. die oberlippe ist geteilt, und selbst beim gehen schnappen sie nach links oder rechts nach einem kraut. sonst ist das kamel eher komisch als ästhetisch. man nimmt es hin, denn ohne kamele würde kein mensch in der wüste existieren.

die vorderbeine knicken beim gehen ein, die hinterbeine bleiben fast gerade. das macht einen wiegenden gang. für den, der reitet, ersetzt es einen ozean. die krönung ist der kot, relativ kleine kokonförmige gebilde in jeder menge, die fast dem idealkörper entsprechen (abgerundeter kubus). anders als das ei ist das einzelne kügelchen kein einzelstück. die form entspricht der reihenproduktion. man denkt unwillkürlich an die arme kuh, deren mißlichkeit hinten am deutlichsten ablesbar ist. kamelkot enthält viel strohartige zellulose. er ist ein sauberes briquet. im heißen sand ist er schnell getrocknet, und man kann ihn dann verfeuern.

kamele fressen das stachligste zeug und viel verdorrtes kraut. das heißeste wadi hat noch ein paar sträucher für das kamel. und wenn es nichts gibt, zieht das kamel wiederkäuend durch die wüste, ein ewig mahlender kiefer. links-rechts, rechts-links.

man hat gesagt, das kamel sei deshalb für die wüste prädestiniert, weil sein kopf immer noch über den treibsand des sandsturmes hinausschaue. das stimmt sicher. aber noch eindringlicher ist das erlebnis, aus einem hitzesee schwimmender mittagsglut auf ein kamel zu steigen, oder vielmehr von einem kamel sich hochstocken zu lassen. drei meter über dem boden ist frische luft. man spürt den immerwährenden wind,

*es gibt immer weniger nomaden in der wüste. ehe sie in die städte
oder erdölgebiete gezogen sind, mag mancher sein kamel in die
freiheit entlassen haben. auf jeden fall überrascht die zahl der
frei umherziehenden kamele. sie können sich in der wüste halten,
da ihr organismus und ihr körperbau sich den bedingungen der
wüste angepaßt haben.*

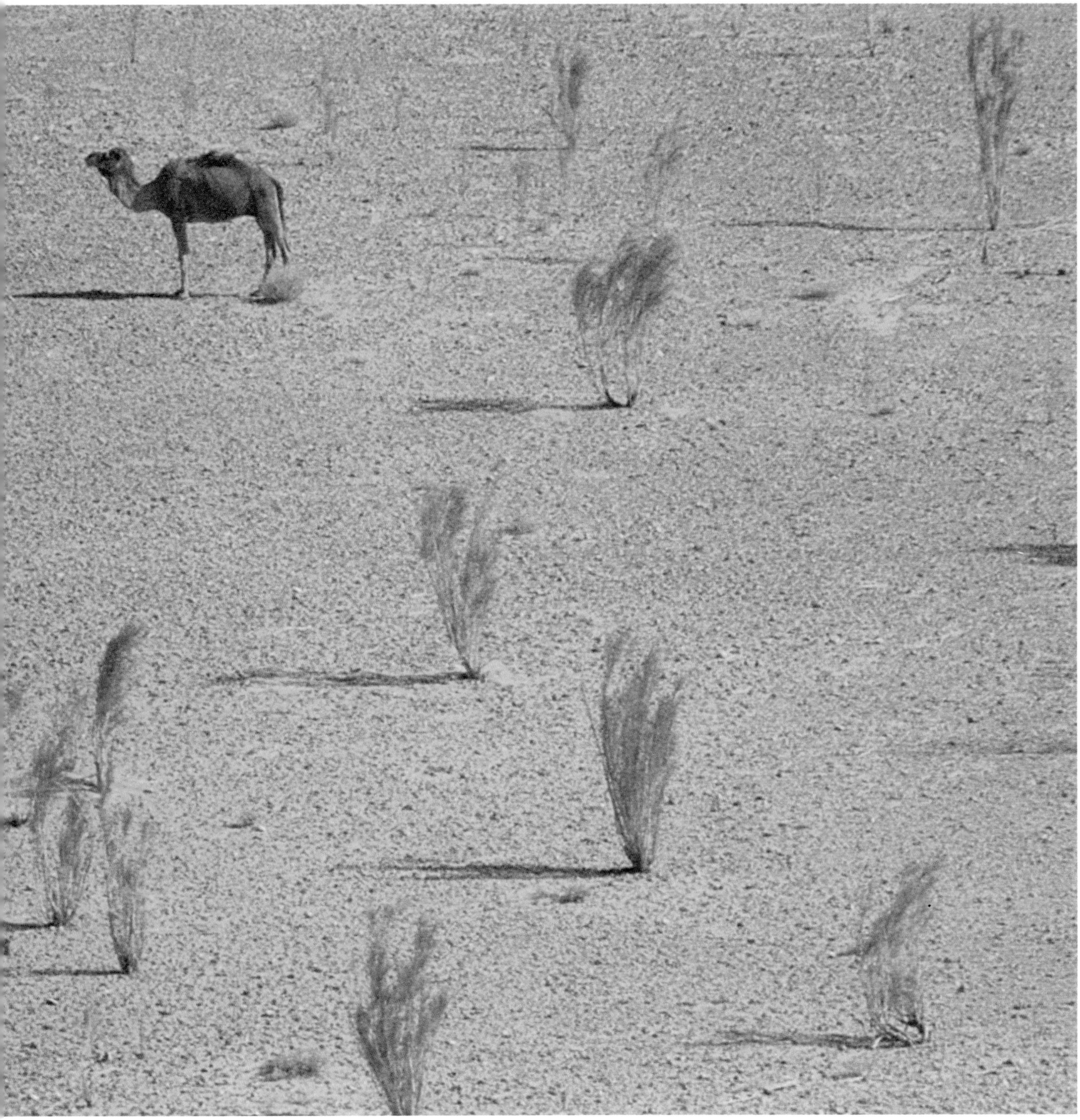

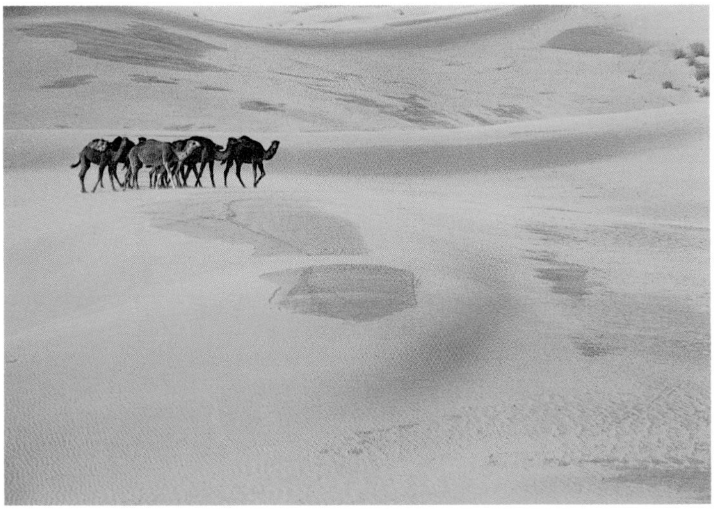

*zum bild der wüste muß man sich den umstand hinzudenken, daß
sie so lautlos sein kann, daß man nur seinen eigenen puls hört.
es herrscht eine deutlich fühlbare stille und ruhe. der nächste
mensch ist hunderte von kilometern entfernt.*

der gott der sonne

der zusammenhang zwischen landschaft und kultur wird evident. im norden hätte es nie einen gott ra gegeben, nie einen sonnengott der erhabenheit, größe und macht. es konnte nicht jene überdeutlichkeit mathematischer exaktheit aufkommen, die sich unter den strahlen der sonne ergibt. wie immer die religionsgeschichtliche entwicklung und kausalkette gewesen sein mag, man darf sicherlich echnaton jene empfindungswachsamkeit zuschreiben, die aus der erscheinung der nacht und der erscheinung des tages die allmacht erahnen ließ. die geburt des monotheismus ist das wahrnehmen der sonne und der form, wie sie das land moduliert. sobald das licht nicht mehr nur scheint, sondern steht, den raum ausfüllt, statt ihn nur zu erhellen, verlassen die dinge den platz ihrer brauchbarkeit und werden überwirklich. sie lassen sich nicht mehr als zweck verstehen, sie beginnen nur noch in sich selbst zu ruhen. sie sind nicht für etwas gut oder nicht gut, sie sind da. kraft des lichts, des blendenden lichts.

wer wie ein könig oder pharao sich in der höhe des tages zurückziehen kann, wie jedes tier in der wüste es tut, und wenn es sich eingraben muß, der wird auch dann die sonne noch als macht empfinden. allerdings als eine brutale, wenn nicht tödliche, falls er ihr ausgeliefert ist. aber sie läßt sich erweichen. sie wird milde werden am abend, anmutig und belebend.

moses hat diese erfahrung eingebracht in die religion der stammesgötter. er hat den monotheismus nationalisiert. der zusammenhang zwischen echnaton und moses ist nicht nur zeitlich gegeben, auch wenn die lehre echnatons als staatsreligion unterging. oder vielleicht gerade deshalb blieb sie intellektuell und sensuell zwingend. moses nimmt die rolle des paulus vorweg und trägt als konvertit den gott des lichtes in die fremde. leider mit dem ausschließlichkeitsanspruch eines politikers, der gerade sein volk als von oben ausgezeichnet versteht. im norden ist der himmel polytheistisch. zuviel ringen und kampf bestimmen die welt. in der wüste rast sogar der sturm unter der sonne dahin, im norden ist er das ganz andere. er ruft widerstand hervor, nicht schutz durch anpassung. der himmel echnatons kannte keine göttlichen helden.

das alles mag ohne besonderen aufschluß für das verständnis der metaphysik sein. wer die wüste kennt, der die bleischwere hitze nicht mehr aufzuwirbeln vermag. das mag der grund sein, warum die nasenlöcher des kamels höher liegen als die augen. mit hochmut hat das nichts zu tun. zudem haben die schmalen nasenlöcher und die runden luftwege einen zarten flaum. er hält die feuchtigkeit der ausgeatmeten luft fest. beim einatmen geht wieder etwas feuchtigkeit in den körper zurück. das ist wie beim schesch.

beduinen sind gerade bei hitze eingemummt. auf zu raschen feuchtigkeitsverlust reagiert der körper mit hitzschlag. kluge tiere der wüste bauen sich auch beim winterschlaf ein netz vor die nase. ich habe einiges über kamele gelesen, meistens von biologen. aber was ist das für eine biologie, die das kamel als säugetier behandelt und nicht genausogut die umwelt untersucht, in der es lebt. gerade tiere, die unter extremen bedingungen leben, sollte man meinen, seien besonders unter den aspekten ihrer umgebung zu sehen. das kamel ist kein kuriosum, es hat sich angepaßt. sonst könnte man noch auf die idee kommen, bäume seien so hoch, weil giraffen lange hälse haben.

im wasserhaushalt ist das kamel schließlich so einmalig, daß sich noch heute gelehrte streiten, ob es in der lage ist, aus der umsetzung des fetts im höcker wasser zu bilden, oder ob ein anderer mechanismus eine besondere speicherung ermöglicht. als wir nach tagen wüstenritt die kamele zu einer tränke führten, trat nicht einmal das sprichwörtliche saufen ein. kamele sind damen. sie wissen, was sich gehört.

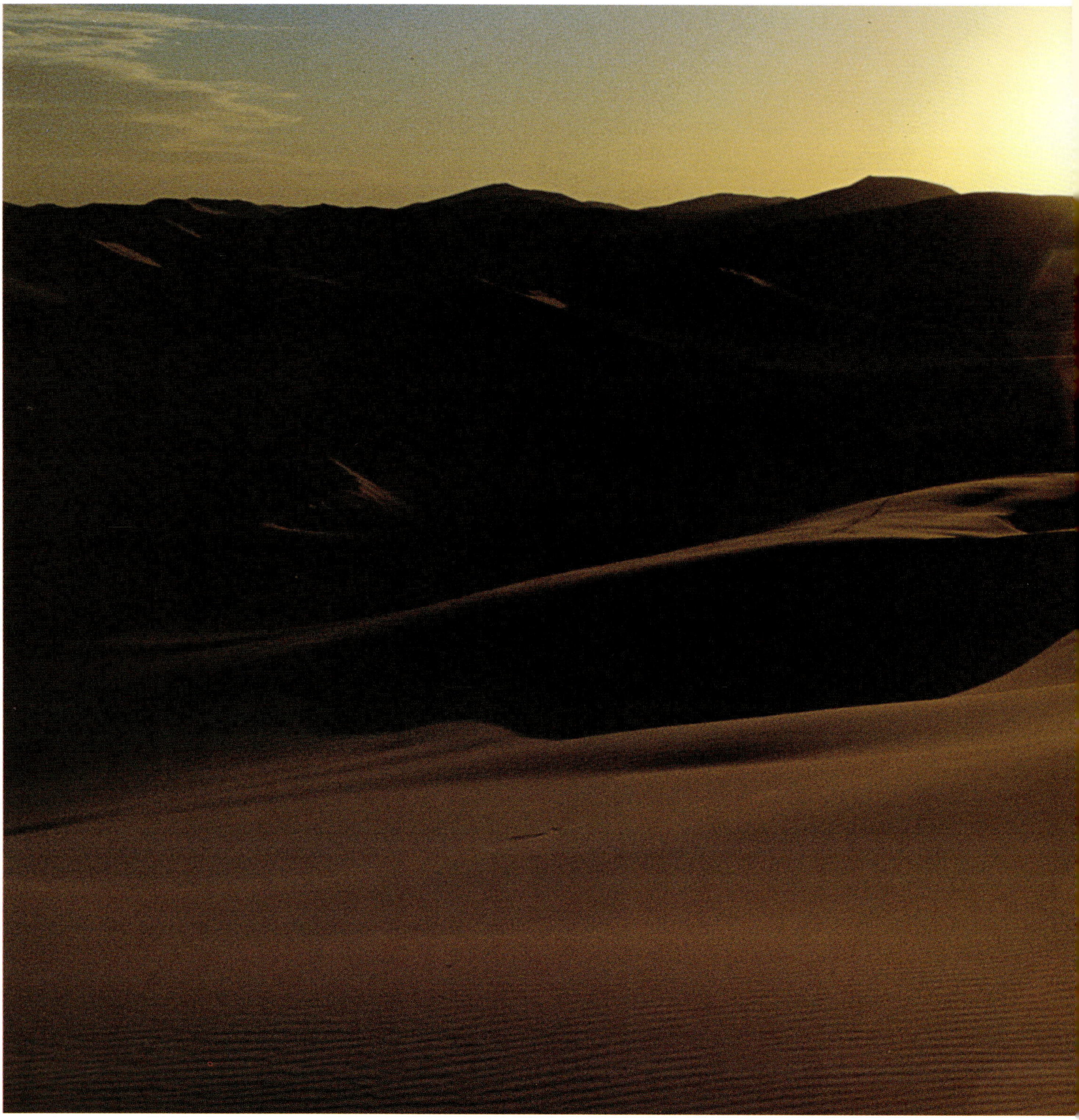

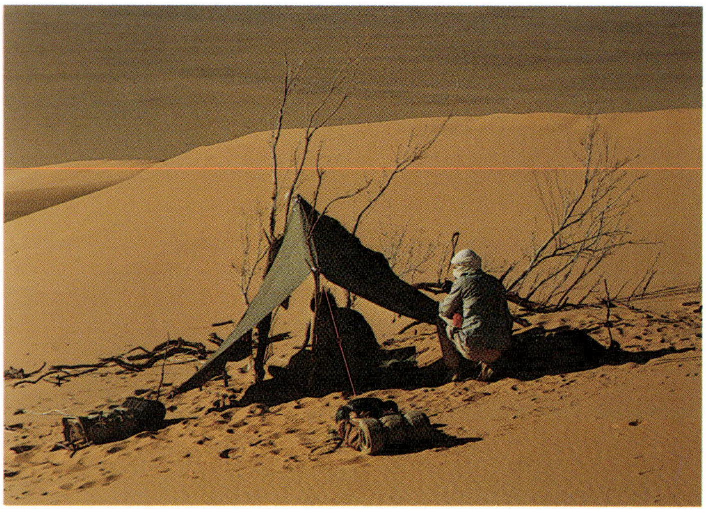

direkt unter der sonne haben wir die düne 614 vor uns, die wir über jahre zu erreichen versucht hatten. außer uns mag sie kaum jemand als ziel gedient haben und doch hat sie uns ständig beschäftigt.

wird sich kaum vorstellen können, daß es einen echnaton gegeben hätte ohne die macht der sonne.

auch die kultur der azteken und inkas ist dafür ein beleg. auch bei ihnen stand die sonne im zentrum der verehrung und beschwörung.

heute fährt der range-rover durch die sahara oder ein chevy durch neu-mexiko. das blech wird heiß, jeder schatten im auto brütend, stickig, drückend. das einzige, was kühlt, ist luft, tempo.

die sonne ist degradiert zu einem lästigen zustand. es sei denn, man hat einen wagen mit klimaanlage. man dreht den kassettenrecorder auf und kann sich der sache annehmen wie im breitwandkino.

ein gott entsteht hier nicht mehr.

aufladung

ein sandsturm war es noch nicht. wir hatten versucht, uns mit einer alu-plastikfolie gegen die mörderische sonne zu schützen. bald war die plane, die wir an einem hageren strauch angebunden und mit schnüren im sand verspannt hatten, zerfetzt. erst brach unsere befestigung, dann zog es die verankerung heraus, dann war die folie zerschlissen. aber wir brauchten schatten. die hitze war nicht zu ertragen. wir nahmen unsere zeltplanen, die nachts unseren schlafplatz bilden, und verspannten sie. der wind kam in böen. immer wieder zog es unsere verankerung heraus. so sinnig unsere befestigungskonstruktionen auch wurden, es war ein aussichtsloser kampf. schließlich legten wir die zeltplanen an den busch, versteift mit einem ast, und suchten dahinter schutz. aber die planen wirkten nun wie ein schneezaun. in ihrem schatten lagerte sich wirbelnder sand nieder. wir banden unsere köpfe vollkommen mit dem schesch ein, um den sand nicht in augen, nase und mund zu bekommen. wir waren nahe daran aufzugeben und umzukehren. sandstürme, sagt man, machen apathisch. die luft würde sich durch die sandreibung elektrisch aufladen, kopfweh verursachen und den willen brechen. so war es.

der sand deckte uns mehr und mehr zu. ab und zu standen wir auf, um ihn abzuschütteln. sonst döste ich vor mich hin, nur noch halb da, ohne gegenwehr. ringsum gewalt. sonne, sand, wind. brennende sonne, sand auch in der luft und peitschender wind.

von zehn uhr morgens bis zum abend sitzen und warten und ein minimum an existenzfläche suchen. der sand ist so heiß, daß man kaum barfuß auf ihm gehen

kollegen

eberhard stauß, um die vierzig, ist architekt. ein mehr sportlicher typ. was allerdings nicht besonders zählt. der zu betreibende sport ist gehen, die allermenschlichste bewegungsart und von jedermann zu bewältigen. was mehr zählt, sind ausdauer, wille und fähigkeit zur selbstorganisation.

hier ist eberhard stauß ein bewundernswerter maßstab. er baut die welt seiner hilfen, geräte, artefakten so reduziert und sicher um sich auf, als ginge es um die organisation eines grundrisses. seine dingwelt ist ohne speck und so diszipliniert, daß er nachts mit sicherem griff in seinem rucksack eine sicherheitsnadel findet.

kommen wir an einen rastplatz, einen busch, hängt eberhard stauß schuhe, beutel, wäsche an alle verfügbaren äste, als wäre der busch sein garderobenständer. er beherrscht alle arten von knoten und binden, es ist fast eine manie. seine schlafstatt schlägt er in wenigen minuten auf, am schluß mit der hand geglättet. der aufbruch geht bei dieser disziplin und übersicht ebenfalls in minuten.

    das ist keine marotte. er hat es vielleicht auf dem schiff gelernt, daß nur das seil sich verheddert, das nicht sauber gelegt ist. es ist ökonomie. diese organisation der umgebung begleitet ihn auch beim gehen. ständig ordnet er, was er sieht. er ist ein brillanter beobachter. es ist unglaublich, was er alles sieht und wahrnimmt und zugleich verbal greifbar macht. wie wir alle hält er nichts von pathos. so ist die treffendste bemerkung nicht ohne schalk und ironie. vielleicht ist die wüste für ihn eine schule der architektur, der beherrschung von zuordnungen, der minimierung der mittel und der optimierung ihrer tragfähigkeit. dann gäbs keine bessere.

    manuel aicher ist student, repräsentiert mit 20 jahren die jüngste generationsebene. er unterhält uns beim gehen mit einer rechnung im kopf, wie schnell ein flugkörper fliegen müsste, um über die ebene, auf der wir gehen, und rund um die erde immer im gleichen abstand zu fliegen. zentrifugalkraft und erdanziehung wären dann gleich. er bezweifelt selbst das resultat, das er freihändig errechnet hat, aber sein kopf hat die art von spiel, die er bevorzugt. er kennt inzwischen den ganzen sternenhimmel, und in einem streit über ekliptik, wendekreise und achsenwinkel ist es schwer, ihm zu widersprechen.

    anschauung übersetzt er ständig in theorie. die welt

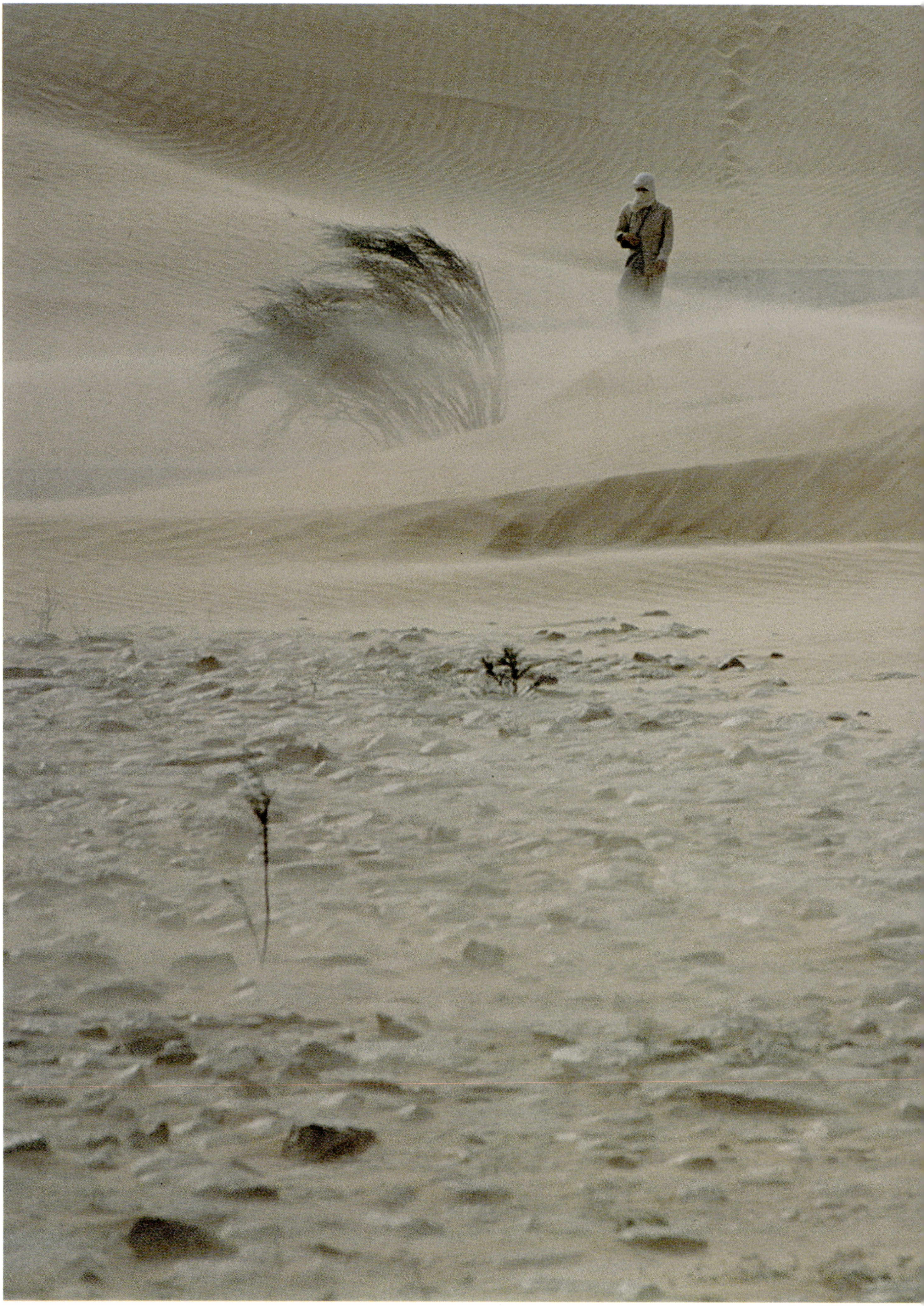

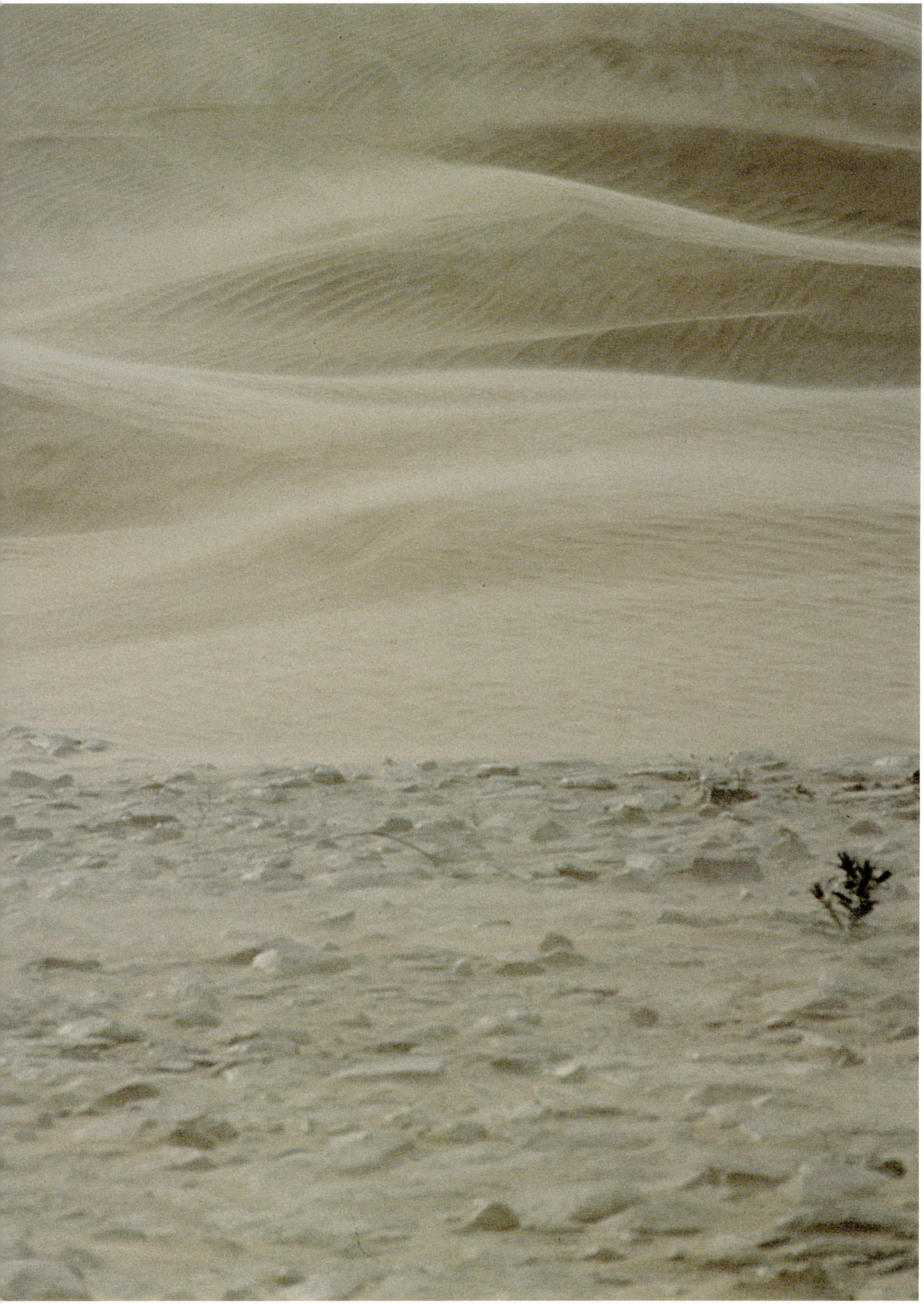

kann. wenn wir sitzen, graben wir die füße so weit es geht in den sand ein. sand leitet schlecht. schon zwanzig zentimeter tief ist er kühl. man fühlt, wie dem blut diese kühlung wohltut. und man versteht, wie leben in der wüste möglich ist. ein tier muß sich nur zwanzig zentimeter eingraben können, und schon ist die sonne überwunden. ebenso muß die pflanze ihr zentrum tief im sand haben.

mit der sinkenden sonne zeigte sich der wind von seiner erfrischenden seite. sofort war das leben wieder da. wir konnten uns wieder bewegen. um manuel aufzumuntern, zeigte ich ihm eine schar ameisen, die den zugeschütteten eingang ihres baus wie hochtourige fräsmaschinen freischaufelten. das leben hat eine unwahrscheinliche kraft. diese kleinen dinger nehmen es mit einem sandsturm auf.

mit dem sonnenuntergang stiegen wir auf eine der höheren dünen. manuel war wieder ganz high. vergessen ein tag mit stumpfem widerstand. ich selbst war noch ziemlich matt. der aufstieg ging zwar, aber mut zu weiteren unternehmungen hatte ich nicht so recht. jedoch eine abendstunde auf hohen dünen, ringsum eine zauberwelt – die kulissen der dünenzüge – das ist eine volle entschädigung. durst hatten wir nicht zu leiden. der rucksack war voll mit wasserflaschen. trotzdem kam das wasser, das wir tranken, nicht auf den grund der hitze.

als ich meinen schlafsack aus der nylonhülle nahm, den sand abschüttelte und abwischte, merkte ich es dann augenfällig: es war nacht geworden. über uns stand ein funkelnder himmel, und mit jeder handbewegung erzeugte ich auf dem nylonstoff ein kleines feuerwerk an elektrischen funken. knisternd zog es aus meinen fingern wetterlichtige feuer, prasselnde irrlichter.

die luft war wirklich elektrisch aufgeladen worden. wir verstanden durchaus, daß sich auf diese weise psychische lähmungen ergeben können und das bewußtsein in einen dämmerzustand versetzt wird.

überdeutlichkeit

die dinge sind mehr präsent als bei uns. wir leben wie in wolken, in milchigem dunst, der die konturen verwischt. hier sind die silhouetten klar geschnitten. das licht ist klar und scharf. es hat zugriff. zweifel gibt es nicht. was ist, ist. so die sonne. sie ist gültig am morgen, sobald sie über den horizont kommt, gültig am mittag, wo alles unter dem regen ihres lichtes steht. sie ist gültig am abend, bis zur letzten minute.

ein baum ist ein baum. er steht in der landschaft wie ein denkmal.

sobald ein stern auftaucht, ist er da, deutlich für die ganze nacht. auch die stille ist still. man hört nur das tikken der weltenuhr.

und man ist sich selber deutlicher. keine geschäfte, kein zivilisatorischer kleinkram lenken einen ab. es gibt weder leute noch zeitung noch telefon. man geht mit sich allein als mittelpunkt im ganzen firmament. hier muß die mathematik erfunden worden sein, die geometrie, die feststellung von größen und beziehungen. auf dem teller der landschaft ist alles verfügbar, vergleichbar. es gibt keine verstecke und verdunklungen. im überstrahlenden licht ist jedes ding wie aus metall.

auch nachts herrscht überdeutlichkeit. mit einem kleinen fernglas haben wir zwei jupitermonde ausgemacht, so deutlich sind die lichtpunkte. und das firmament ist nicht fern. es ist da. von horizont zu horizont.

abseits

intellektuelle existenz braucht konzentration. konzentration setzt ruhe voraus, aber auch stimulans. der kreuzgang ist sicher eine erfindung des orients. man findet ihn selbst in häusern wieder, nicht nur in großanlagen. das hotel transatlantique in el oued hat einen solchen kreuzgang, jenes stimulans durch architektur, das man im osten offenbar immer gesucht hat. nicht nur der körper verlangt gelegentlich nach einem bad, nach bedächtiger pflege, die über den aspekt der reinhaltung hinausgeht. erfrischung und reinigung sind nicht etwas, was beseitigt, sondern etwas, das offenlegt: das neue, das zu unternehmende. ein bad schafft ordnung, eröffnet das kommende und macht mut zu unternehmungen. es zeigt architekturen des machens. es schafft räume des denkens und das rechte klima des fühlens. es regt die reflexion an, vor allem die über sich selbst. statt ein getriebener zu sein, beginnt man über sein treiben nachzudenken und fühlt antriebe.

die wüste ist so rein wie wasser. und ebenso karg im aufwand. sie lenkt nicht ab.

wie man im wasser schwimmt, muß man in der wüste gehen. gehen ist ohnehin eine animierende bewegung. der kopf beginnt ebenso munter zu werden wie die beine. wer geht, löst seine phantasie aus, seine vorstellungskraft, gerät zur struktur. das erinnert an den sachverhalt, daß mathematik und gesetz ihren ursprung in diesen regionen der sonne haben.

körperlich sind ihm die exkursionen kein problem. er ist groß und stark. aber das körperlich abgeschlossene wachstum besagt noch nicht, daß die psychische beherrschung abgeschlossen sein müßte.

er kehrt jedesmal mit einer wesentlichen erfahrung zurück, wenn er erfolgreich mit stress, schinderei, durststrecken, sandstürmen fertig geworden ist. manuel ist in der wüste zusehends ein mann geworden. er ist von haus aus fast penetrant zäh, aber er hat die langmut, die nicht unbedingt eine tugend der jugend sein muß. und er denkt an andere. nach einem harten trip, wo wir alle nicht mehr können, sieht er ein kraut, reißt es aus und trägt es dem ohnehin nicht gerade langsamen kamel nach. so ist er.

die großen dünen

schon am morgen standen sie vor uns. wir erkannten sofort den 614, nahmen kurs pfeilgerade auf ihn zu über die gewaltige ebene.

seit sechs jahren habe ich ihn im auge. immer wieder probiert, ihn zu erreichen, zum ersten mal mit manuel, aber gelungen ist es nicht. auch jetzt wäre es nicht gegangen, wenn wir nicht am sokki hätten ein lager errichten, wasser und lebensmittel antransportieren können mit dem auto.

wir gehen den ganzen tag über die ebene, die kette der großen dünen vor uns. das

wind und sand

blasen
wellen
kräuseln
häufeln
schmirgeln
fegen
kehren
raspeln
schleifen
füllen
sicheln
fächern
streichen
streicheln
schieben
höhlen
kratzen
treiben
jagen
legen
heben
blähen
wölben
ziehen
werfen
formen
saugen
drücken
rieseln
streuen
peitschen
sieben
träufeln
reiben
glätten
fliegen
wirbeln
schütten
gießen
pusten
wälzen

herz macht mir zu schaffen, wir müssen mit einbruch der nacht auf der geröllwüste kampieren. die dünen, die zum greifen nahe schienen, können wir nicht mehr erreichen.

    nachts brechen wir auf. mit sonnenaufgang sind wir an den dünen. sie sind anders. noch brockiger und bulliger als am erg megraoun. feindlich. nicht mehr die anmutige wüste des souf oder die erhabene des erg chaouli.

keine wellen mehr, sondern riffe und scharfe grate. diese dünen müssen uralt sein. millionen von jahren? das unternehmen nimmt alpinen charakter an. wir kraxeln und stapfen. jeder, wie er am besten vorankommt. hinter jedem dünenzug ein gewaltiges loch, das wieder den gewachsenen grund freigibt. also wieder herunter und hoch, wenn man keinen verbindungsgrat findet.

    im letzten jahr wäre uns das fast zum verhängnis geworden. aber diesmal haben wir lebensmittel und wasser dabei, allerdings für insgesamt nur drei tage. wir würden kein zweites mal mehr vor erschöpfung liegenbleiben. auf dem ersten hauptkamm haben wir die ganze welt vor uns liegen: die krone des großen erg occidental.

    dieses erg ist halb so groß wie die bundesrepublik. vom souf her steigt es an bis hier zu den höchsten dünen im südosten, bis zu dieser festung aus steilen brocken und eingeschnittenen löchern und tälern.

    gerade vor uns, vielleicht drei kilometer entfernt, der 614. links einer, der nicht viel niedriger ist, rechts hinten der 613 und vor uns ein monumentaler kegel, auch um eine ähnliche höhe. bis zum 614 würde uns das wasser nicht reichen, vielleicht auch nicht die kraft. im sand kann man schließlich nicht klettern, nur stapfen. sand ist ohne festen halt. und je steiler es geht, um so mehr gibt er nach.

    wir beschließen, auf den kegel vor uns zu gehen. jeder von uns nimmt einen anderen grat. eine elende schinderei.

alle paar meter stop, um die keuchende lunge zu beruhigen. es sind nur dreihundert meter über dem steingrund. und doch ist es eine arbeit, die einen wie eine zitrone auspreßt.

es lohnt sich. oben eine welt wie am montblanc. ringsum ein meer von spitzen, kegeln, rücken. vor uns, zum greifen nah, der 614. aber wir entwickeln keinen bezwingerehrgeiz. da sein heißt nicht, oben sein. auf den punkt und auf die höhe kam es uns nicht an. dünen sind kollektiv. es genügte uns, hier zu sitzen und zu sehen, umgeben zu sein von den wohl monumentalsten dünen der wüste. daß sie so feindlich sein würden, habe ich nicht erwartet. wie viele menschen waren schon hier drin? in ihren tälern und kesseln steht die hitze wie im ofen. die wände und grate weisen einen ab. aber auch das ist teil ihrer größe. es fällt uns nicht schwer, von den großen dünen abschied zu nehmen.

in den südlicheren dünenregionen verändern sich die weicheren dünenformen zu schärfer geschnittenen gebilden von großer mächtigkeit.

und läßt das denken von der kette los. man ist überrascht, wie kurzweilig ein marsch von einem ganzen tag ist.

die wüste ist immer das unbekannte. schon deshalb hat man zu gehen. hinter jeder düne ist eine andere düne, eine andere welt.

die wüste ist rein und einfach: die dünen und das licht. das ist alles. das macht ihre stimulans aus. auf dünen zu gehen kommt manchmal in die nähe des fliegens. es ist, als gleite man in den schwingungen der dünen dahin.

die dünen selbst haben etwas vollkommenes. ob sie scharfe kanten und grate haben, abrundungen und wölbungen, sie werden nie pathetisch oder gewaltig, nie zum schicksal. ihre größe ist ihre verbindlichkeit. sie schaffen keine distanz, sind vielmehr entgegenkommend.

natürlich ist man allein wie nirgendwo. man hört sein blut rauschen, sein herz schlagen. aber das dehnt auch die horizonte aus.

wer so geht, hat auch keinen besitz mehr. besitz zwingt zur seßhaftigkeit. man muß dableiben. und weil einem in der wüste nichts gehört, gehört einem alles.

moses muß ein zweites mal auf den berg

moses müßte nochmals auf den berg steigen. die moral seiner gebote deckt einen zu kleinen bereich, den des einzelnen, der familie und der kleinwirtschaft. der bereich der gesellschaft und öffentlichkeit ist dem freibeutertum überlassen. moses hat gesagt, du sollst nicht stehlen, und bis heute ist die wegnahme fremden gutes diebstahl. die wegnahme fremder arbeitskraft ist uneingeschränkt erlaubt. gestohlene arbeitskraft, arbeit mit fremdbestimmung und unangemessenem lohn, ist sogar das fundament unserer zivilisation geworden. als erzwungenes sparen kaschiert es die nationalökonomie.

du sollst nicht lügen, heißt es. und jedes kind bekommt gewissensbisse, wenn es eine lüge als schutzbehauptung begeht; aber kein industrieller, kein bürokrat und kein kaufmann ist je rot geworden wegen einer ware, die qualität vortäuscht. die meisten materialien heute sind erlogen, die meisten produkte täuschen vor, was sie nicht sind, ganz abgesehen davon, daß kein bauer in der kirche beichten wird, produkte des landes mit giften aufgebläht zu haben, um mit quantität qualität vorzulügen.

moses müßte nochmals auf den berg. jeder tag, den er versäumt, verlängert die schizophrenie, daß es hier eine kleine welt der sünde und buße gibt, als alibi der großen welt, der großen schurkerei.

moses müsste es bald tun, sonst wäre es besser gewesen, er wäre nie gegangen. so verengt sich die qualitative, moralische bewertung unseres tuns auf einige randbezirke, während der staat, die wirtschaft, die gesellschaft nach hohen prinzipien leben, die ihre gaunerei legalisieren. ein solches hohes prinzip ist das freie unternehmen oder der freie markt, wobei gegen freiheit nun bei gott nichts zu sagen ist. allerdings viel, wenn sie jedes tun und lassen sanktioniert. ein solches hohes prinzip ist der friede. nichts bei gott gegen den frieden. aber wenn er nur den unterhalt von armeen sanktioniert? das große spielzeug der macht? moses hat vergessen, darauf hinzuweisen, große ideen gleich dem namen gottes nicht zu verunehren oder gar für das kaschieren von mißbrauch zu verwenden. weil er aber werte gesetzt hat, ist die amoralität dort um so größer, wo seine moral nicht hinreichte. das gute gewissen darf dort gepflegt werden, das verzeihen gottes darf dort erfleht werden, und die religion darf dort sich entfalten, wo das geschäft, das geschäft mit gütern, mit informationen und das geschäft mit menschen nicht gestört wird. ansonst gilt als – wissenschaftlich sanktioniertes und damit geheiligtes – prinzip: maximierung des profits, wie immer.

moses müßte nochmals auf den berg. eine dritte gesetzestafel holen.

indem er das lügen verbot, hat er der heuchelei tür und tor geöffnet, der falschen selbstdarstellung, dem imponiergehabe, der prestigedemonstration. kaum jemand erinnert sich heute mehr daran, daß der widerstand gegen die heuchelei die verursachung des christentums war, der kampf gegen die religion der pharisäer. es genügt heute, nicht zu lügen, und schon darf man auftrumpfen, hochstapeln, in eine repräsentative existenz hineinschlüpfen.

moses hätte das gebot aufnehmen müssen: du sollst dir auch von dir kein falsches bild machen. jetzt wohnen wir in häusern, die schlösser sein sollen, fahren fahrzeuge wie karossen, suchen besitz, um macht zu zeigen, kaufen produkte, nur, um zu demonstrieren, daß wir es uns leisten können, auch das sinnlose zu kaufen. und wir erlauben uns, uns moralisch zu geben, puritanisch philanthropisch. wir gehen in die kirche – um es zur schau zu stellen.

oder ist es zu spät? hätte es noch einen sinn, auf den berg zu gehen?

schon längst ist auch die religion zum schaustück geworden: für die religiöse partei, den religiösen politiker, den religiösen kaufmann, den religiösen unternehmer: er beruft sich auf die zehn gebote, um zu verbergen, daß es hinter dieser fassade um profit und macht geht, nicht um menschlichkeit.

moses muß ein drittes mal auf den berg

es gab zeiten, da gab es gut gemachte produkte und besser gemachte, aber keine absichtsvoll schlecht gemachten, beziehungsweise, wer täuschen wollte, wurde schnell entlarvt. der bauer, der schreiner, der bäcker tat's, so gut er's konnte. kalkulierter schund ist neu. es bestand früher kaum anlaß, das problem der sünde auch auf produkte auszudehnen.

man nehme die flasche. eine weinflasche. sie ist ein verkehrsmittel zwischen faß und becher. sie läßt sich mit einer hand umfassen. man sieht, ob sie voll oder leer ist, sie läßt sich stapeln und lagern. sie hat einen hals mit einer leichten schwingung zum genauen dosieren beim einschenken. ihr material hält kühl. sie ist alles in allem der schnittpunkt von zehn, zwanzig funktionen und dies auf optimale weise.

auch unsere zivilisation braucht flaschen für neuartige getränke, für spülmittel, für kosmetika. nicht per zufall, nachlässigkeit oder unvermögen, sondern kalkuliert werden all die funktionen der flasche umgekehrt, um eine neue funktion zu erreichen: sie muß mehr inhalt vortäuschen, als drin ist. durch neue formen, durch aufgeschwemmte materialien, dickere böden, opakes material, damit man nichts sieht. durch falsche gewichte.

warum ist klar: die moderne volkswirtschaft optimiert den ertrag, nicht das angebot, oder das angebot höchstens so weit, daß der höhere ertrag gerechtfertigt erscheint. nun war betrug immer schon eine sünde, aber eben nur der persönliche, nicht der volkswirtschaftliche. ein unternehmen kann nicht sündigen.

wo bleiben hier die theologen? ist der begriff der sünde noch haltbar, der nur den einzelnen als instanz kennt, ihn aber von vornherein freispricht, wenn er in einer institution tätig ist?

moses müßte zum dritten mal auf den berg. es würde reichen, wenn er wiederkäme nur mit wein und brot. wein und brot von einst und wein und brot von heute. der vergleich würde alles sagen.

moses würde es schwer haben, käme er mit dem gebot: du sollst keine falschen bedürfnisse wecken. schließlich ist unsere konsum- und produktzivilisation nicht nur bestimmt von täuschung und betrug bei den produkten selbst, auch der wunsch ist oft künstlich, vorgegaukelt, aufgebauscht im interesse der gewinnmaximierung. würde er die marketing-leute als falsche propheten geißeln? als das natterngezücht?

und warum hat das christentum sich so leicht und so schnell über die tatsache hinweggesetzt, daß jesus die wechsler aus dem tempel geworfen hat?

würde moses das geld, das nach den regeln der heutigen nationalökonomie wertneutral ist, mit moralischen gewichten versehen? würde er den heute geltenden grundsatz aufheben, daß gewinn immer gut ist, gleichgültig, wie er zustandekommt?

dünen

in einer gewissen weise sind die sandmeere der sahara sauberer als die weltmeere, als das wasser. sie bestehen ja nicht aus staub, sondern aus sand, aus feinem quarzsand von einem hundertstel bis zu einem halben millimeter, manchmal auch einem millimeter durchmesser. geht man mit dreckigen schuhen durch dünen, sind sie nachher sauber.

dünen decken allen unrat zu, sind keim- und bakterienfrei und schlucken alle flüssigkeiten. wasser kann drekkig werden in seiner substanz, an seiner oberfläche, an seinen ufern. dünen nicht. sie stellen sich immer wieder auf das perfekteste her. sie verwischen sogar jede spur und lassen nur sich selber zu.

die struktur der dünen bildet die luftströme nach. die hauptrichtung der dünenketten verläuft von norden nach süden, entsprechend der hauptwindrichtung in der sahara. im lauf der jahrhunderte wird der sand immer mehr nach süden getragen, bis vor den gebirgsstock des haggar (wenn man die algerischen verhältnisse zugrundelegt). das hat zur folge, daß die höhe der dünen nach süden zunimmt. im souf sind sie höchstens 50 m hoch, im süden des großen erg 150 bis zu 200 m. ebenso wird die sandfarbe immer dunkler. im souf ist sie elfenbeingelb, im erg megraoun braun. die form der düne ist im souf wellig, im süden herrschen die spitzen vor. es ist schwierig, sie zu erklettern. während sonst der

126

rücken als beherrschende form auftritt, ist es hier die spitze und der scharfe grat.

dünen sind äußerst komplexe gebilde und sind doch das einfachste, was man sich denken kann: sand. es gibt nur drei größen, drei parameter, die sie bestimmen: sand, wind und schwerkraft. das material ist immer nur der sand. der antrieb, der verursacher, der verformer, ist immer nur der wind. beide zusammen folgen dem prinzip der aerodynamik.

und gerade weil alles einer so einfachen mechanik folgt (der gegenüber eine nagelschere ein technisches wunderwerk ist), weil sich die elemente überblicken lassen, weil es nur eines gibt: den sand, und weil die mechanischen kräfte nur auf eine reduziert sind: den wind, hat unser intellekt ein so großes vergnügen an dem zustandekommen einer ungeheuren vielfalt. und diese vielfalt ist noch von reinster objektivität.

eine falsche düne gibt es nicht. sie ist immer so, wie sie sein muß. jede düne ist anders. keine gleicht der anderen. trotzdem gibt es keinen grund zu sagen, diese düne müßte höher oder länger sein: sie muß so sein, wie sie ist. sie ist voll identisch mit sich selbst, auch wenn sie sich ständig ändert. wie immer sie sich im wind variiert, es bleibt ihre richtigkeit.

das ausmaß ihrer veränderung ist übrigens so, daß man sagen kann, dünen sind sich gleich und ändern sich doch. die dünen der sahara liegen dort, wo sie immer schon gelegen haben, seit tausenden von jahren. ihre standorte

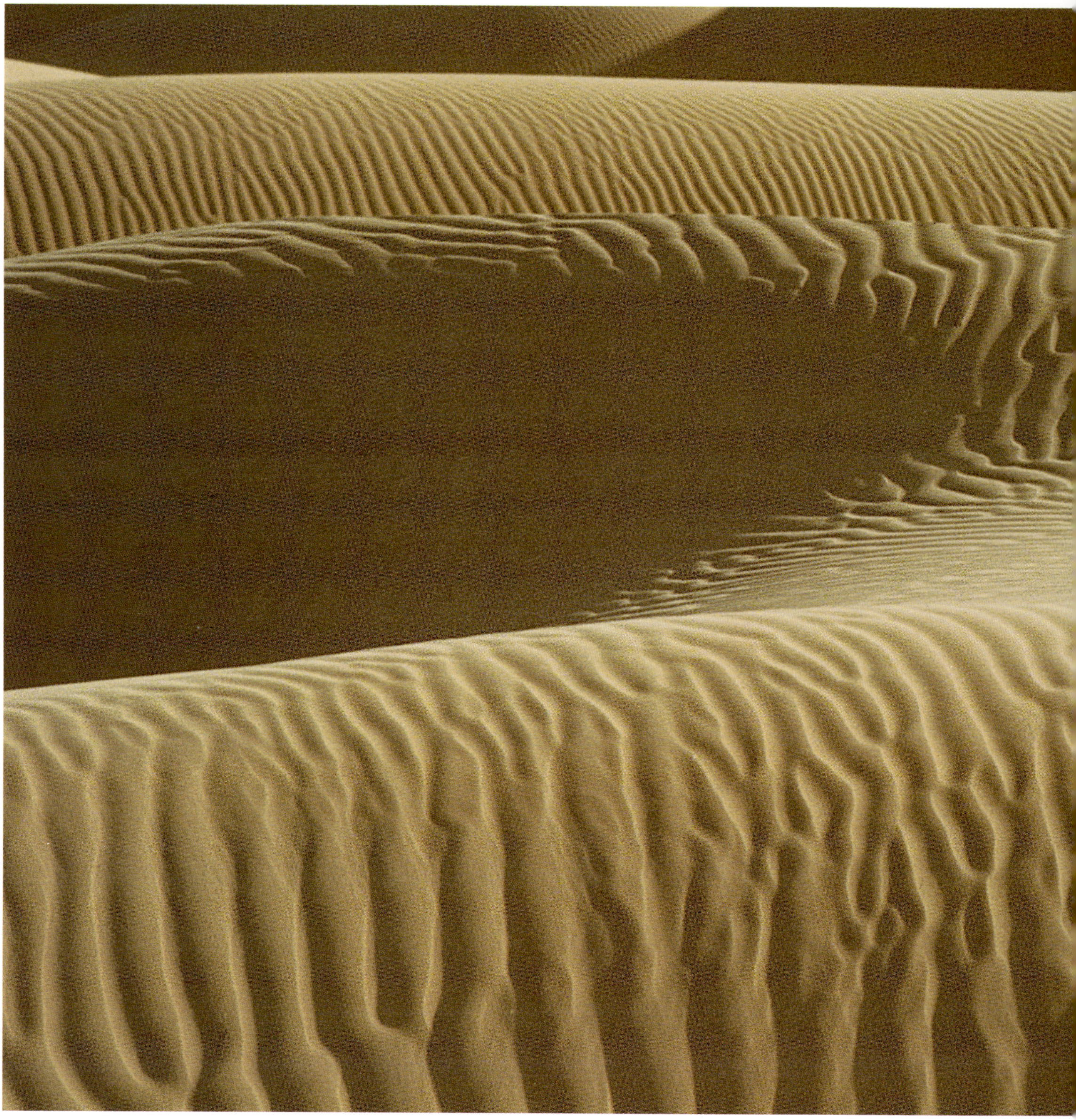

die welle bestimmt die großform der düne, aber auch ihre oberfläche. zweimal, bei der gesamtgestalt wie auch bei der struktur der oberfläche, kann man den prinzipien äolischer modulation nachgehen.

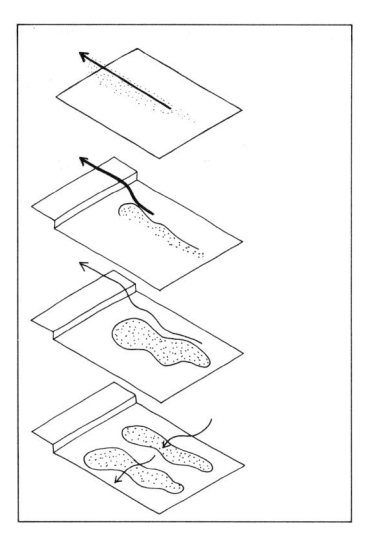

eine dem wind ausgesetzte ebene hat keine dünen. zwar führt der wind ständig flugsand über den boden, aber dieser lagert sich nicht ab.

tritt ein hindernis auf, wird der wind zum auftrieb gezwungen. der sand aber ist zu schwer, um mit aufgehoben zu werden. er lagert sich ab.

der abgelagerte sand wird durch den wind aerodynamisch verformt. es entstehen dünen.

so entstandene dünen stellen selbst wieder hindernisse dar für weitere sandablagerungen. es entstehen dünenzüge und dünengebirge, die ihre definitive form erst gefunden haben, wenn die winde aus allen richtungen ein optimal windschlüpfiges gebilde erzeugt haben. solche gebilde bleiben über jahrzehnte konstant und ändern sich wenig.

der wind erzeugt drei arten von wellenformationen. die geläufigste ist die düne. er wellt aber auch noch die oberfläche der düne im kleinformat auf. es entsteht die riffelung, die rippelmarke. und aus mehreren dünen entstehen dünengebirge, die als großformat wieder eine wellenstruktur haben als berge und täler.

sand fließt. der wind hält ihn in ständiger bewegung. aber die drei wellenformationen der sandwüste, düne, rippelmarke und dünengebirge haben unterschiedliche geschwindigkeiten.

die riffelung der dünenoberfläche ist in ständigem fluß. die dünengebirge sind uralt und verändern sich kaum. die dünen selbst dagegen wandern, wenn auch langsamer als die oberflächenwellen.

der sand wird im windschatten abgelegt. es entsteht ein bruch, ein rutschhang, wegen der gleichen körnung des sandes immer mit einer gleichen neigung um die 31°.

kommt der wind aus der entgegengesetzten richtung, entsteht erst ein wulst, dann ein buckel und schließlich stellt sich das alte bild der düne wieder her.

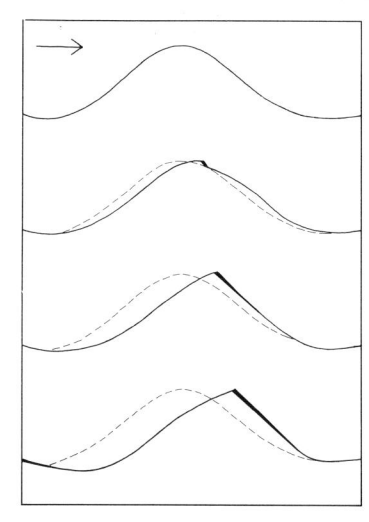

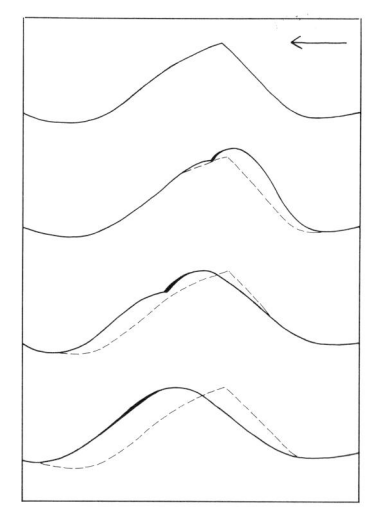

ändern sich nicht oder nur in einem nicht wahrnehmbaren maße, und trotzdem sind sie ständig im fluß.

die sahara ist keinesfalls ein dünenmeer. nur ein siebentel ist mit sand bedeckt. das übrige sind steinwüsten, die eigentlich unheimlichen wüsten, oder steppenwüsten mit gerade soviel einzelnen grasbüscheln, daß noch ziegen davon leben können und also auch nomaden.

der sand wiederum liegt nicht gleichmäßig verstreut, wenngleich der wind fast überall in der sahara sand vor sich hertreibt. aber der sand bleibt nur da liegen, wo er bereits ist. so entstehen sandzonen, die ergs, die aber wieder meistens aus einem wechselspiel von langen dünenzügen und dazwischen liegenden freiflächen bestehen. algerien hat davon zwei: das große westliche und das große östliche erg. ihre lage bleibt im wesentlichen konstant.

die dünenzüge laufen meistens parallel und erstrecken sich nicht selten über hundert kilometer, manchmal auch über das doppelte und dreifache. die ebenen zwischen diesen dünenzügen sind blankgefegte tableaus, wo der wind kein sandkorn liegen läßt, auch wenn ständig sand darüber weht.

dünen sind eigentlich stiefkinder der sahara. der wind will die ausgedehnten plateaus freihalten und lagert alles bewegliche in tiefer gelegenen ebenen oder im windschatten von bergrücken ab. dort entstehen die dünen. meistens ist es ein geländesprung, wo der wind in wirbel und turbulenzen übergeht, die dann zur ansammlung von sand und dünen führen.

ihre ordnung und ästhetik allerdings kehrt das wertbewußtsein um: die steinwüsten sind das trostlose, die sandwüste ist ein ereignis. dazuhin ein aufschlußreiches.

eine elektromagnetische welle, die sich geradlinig fortsetzt, gibt es nicht. sie bewegt sich schlingernd fort, im konstanten auf und ab, in der form einer sinuskurve. auch der wind bläst nicht gerade.

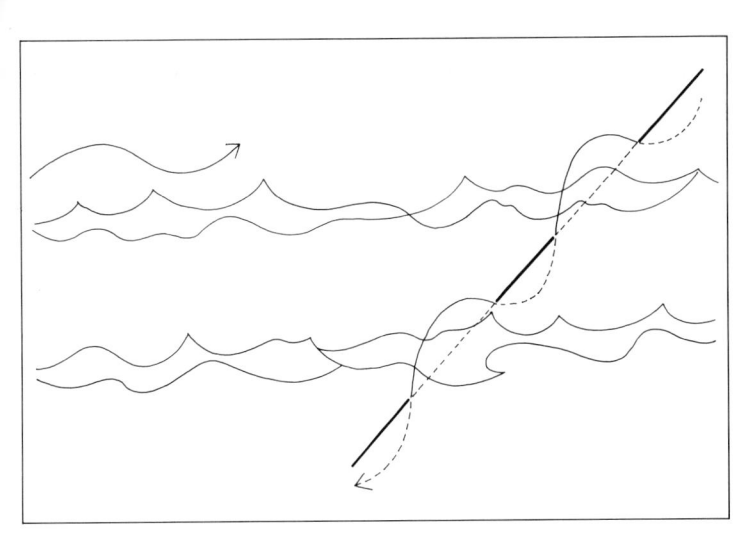

einen gleichmäßig strömenden wind gibt es nicht. wo wind auf ein bewegliches medium trifft, auf wasser oder sand, entstehen wellen. entlang der hauptwindrichtung entstehen dünenberge und dünentäler in einer schlangenförmigen bewegung. in der querrichtung sorgt der wind für einen wechsel von sandfreien zonen zu den sandanhäufungen der dünenreihen.

sandmeere sind äolische landschaften. der wind hat sie geformt und modelliert noch immer an ihnen herum. die gesetze, denen er dabei folgt, sind die der wellenbewegungen. anders als beim wasser, wo wellen eine äußerst flüchtige gestalt haben, lassen sich wellenbewegungen des sandes wahrnehmen. man kann sie studieren.

klassische wellenformen treten dort auf, wo die windrichtung konstant ist. in der regel sind dünen und sandmeere den verschiedenen winden entsprechend komplexe gebilde. mal sind die wölbungen vorherrschend, mal die sattelflächen. da meistens eine windrichtung vorherrschend ist, sind die dünen asymmetrisch, teils bedingt durch wirbelbildungen, teils durch den fließenden treibsand, der zu brüchen führt.

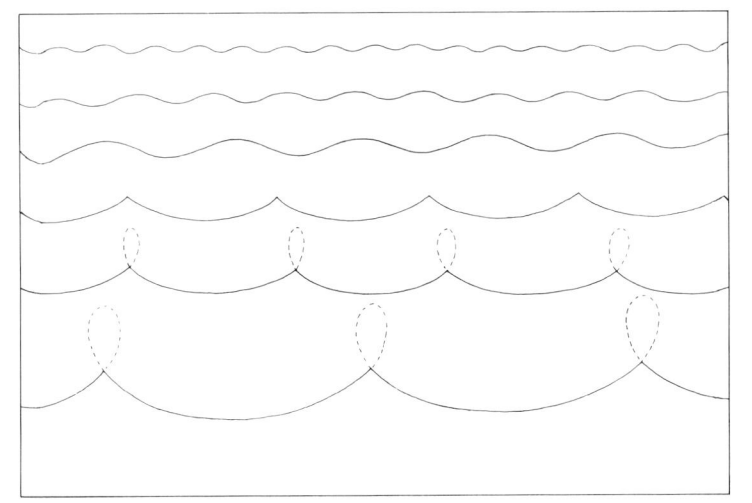

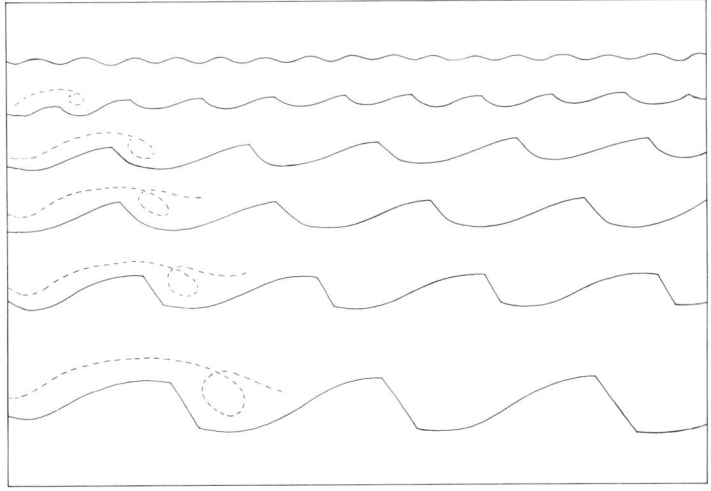

selbst dort, wo er keinen widerstand hat, entfaltet er seinen rhythmus von auf und ab. auch ein auto fährt auf einer ebene nicht gleichmäßig horizontal. straßen mit weichem untergrund bekommen waschbrettwellen. siehe die saharapisten. die natur kennt keinen gleichmäßigen zustand, sondern nur eine pendelkonstante. im auf und ab ergibt sich der durchschnitt. der naturzustand einer straße ist nicht die ebene fläche — das ist der eingriff des menschen, der eingriff der technik —, sondern das wellenbrett.

so entstehen die drei wellenbereiche der sandmeere: die oberfläche ist in feine wellenstrukturen gegliedert. die düne selbst besteht aus bergen und tälern. und die dünengebiete als ganzes wieder gliedern sich in lange bergrücken und dazwischen liegende freie gassen. und in allen drei bereichen, auf der oberfläche, an der düne selbst und in der gesamtlandschaftlichen gliederung wirkt ein

zwei gründe führen zur entstehung von dünen. einmal hindernisse wie steine, in deren windschatten sich sand ansammelt. oder aber die tatsache, daß jede scheinbar geradlinige windbewegung in wirklichkeit eine wellenbewegung ist, was auch zur entstehung der riffelung führt.

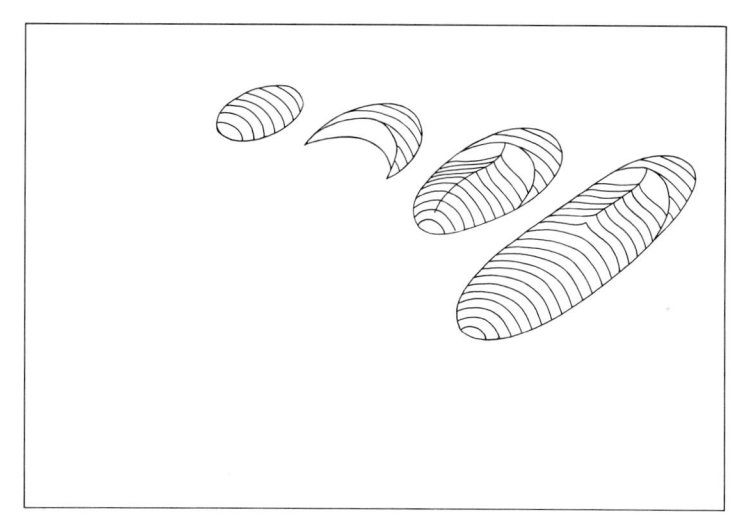

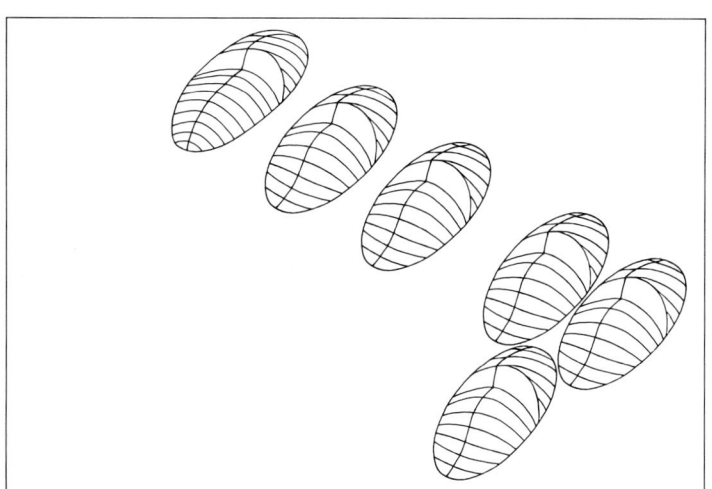

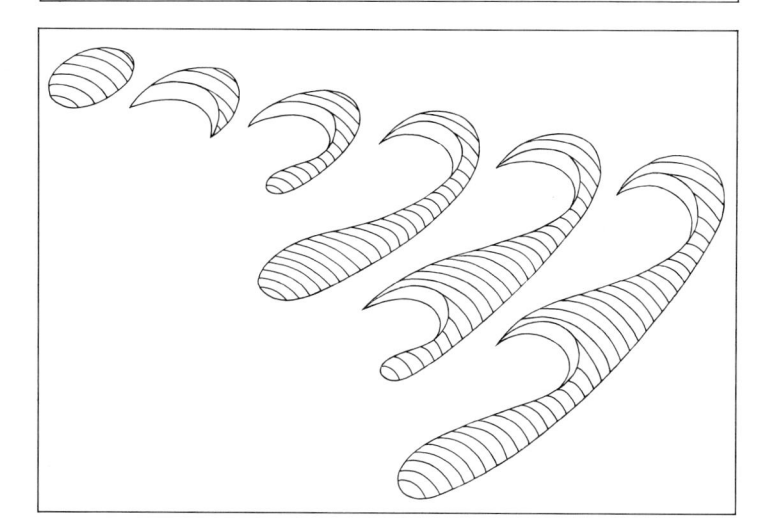

eine kleine sanderhebung erzeugt dann eine eigene aerodynamik. erst entsteht eine sichel, dann füllt sich im sichelschatten wieder sand an. der leicht rückläufige wind bildet nicht selten einen kiel.

bei nicht konstanter, sondern leicht variierender windrichtung gleitet die sicheldüne nach einer seite ab und bildet zungenförmige strichdünen. aus ihnen enstehen schließlich lange hügelketten von großer regelmäßigkeit.

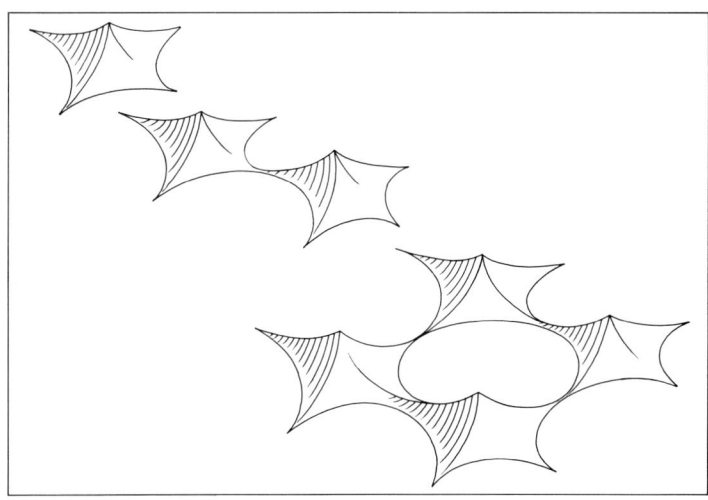

sterndünen entwickeln sich aus einfachen linsendünen, wenn die windrichtung häufig im rechten winkel wechselt. sie verformen sich vom gewölbten rücken zu spitzen mit scharfkantigen graten. sterndünen sind alte dünen und gewinnen eine beachtliche höhe. im süden der sahara kann der höhenunterschied zum umland 300 m betragen.

je älter ein dünengebiet ist, um so mehr herrscht die tendenz zu sterndünen vor. sie formieren sich zu reihen und gruppen, wobei der zwischenraum mehr und mehr zu blankgefegten tellern wird, bei denen das grundgestein hervortritt. die wirbelbildung des windes begünstigt wieder die entstehung von spitzen gipfeln und graten. das gehen in solchen formationen bekommt alpine erschwernis.

bei gleichförmiger windströmung reihen sich sicheldüne an sicheldüne (barchane). wird mehr und mehr sand abgelagert, entsteht ein wellenmeer, das die ursprüngliche kantige form der sicheldüne verschleift. kommt der wind aus der gegenrichtung, entstehen brüche aus fließsand mit wieder scharfkantigem profil.

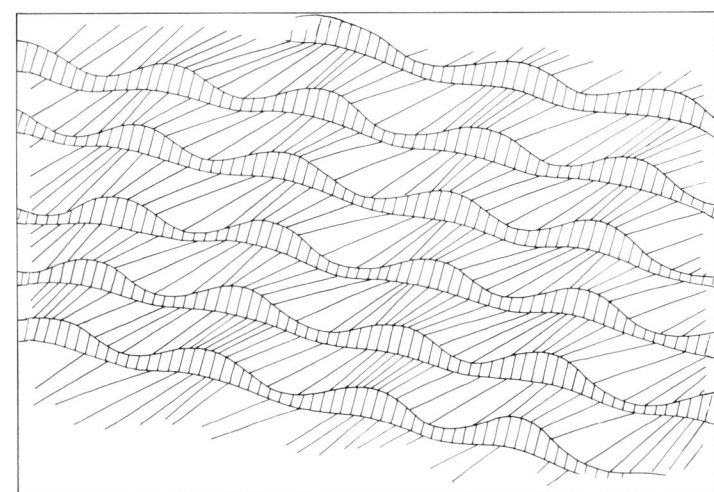

die riffelung entsteht aus einer oberflächenwelle von einer länge mit nur 10 bis 20 cm. sie ergibt eine gleichmäßige, im wind langsam fließende struktur von ungewöhnlicher harmonie. sie ist die haut der düne.

die rippelmarken erscheinen auf den ersten blick wie parallele wellenformationen. in wirklichkeit gehen die wellen immer wieder ineinander über oder teilen sich. dabei bilden auch die teilungspunkte untereinander eine geometrische struktur. sie folgen einer ordnung, die sich aus der konkaven und konvexen oberfläche der düne ergibt. die flächen blähen sich oder ziehen sich zusammen. dementsprechend muß die zahl der rippen bei gleichem abstand zu- oder abnehmen.

und dieselbe kraft: der wind selbst in seiner wellenbewegung hat höhen und tiefen, und das material, das er bewegt, folgt dieser struktur. in einer eben liegenden sandfläche greift er ondulierend ein, solange er weich ist. an der vorderseite so entstandener berge schürft der wind den sand aber ständig auf und lagert ihn auf der windschattenseite wieder ab, so daß sowohl die wellen der oberfläche ständig wandern als auch die düne selbst, und im jahrtausendmaßstab sicher auch die dünenzüge als ganzes.

die rippung der oberfläche liegt in einer größenordnung von zehn zentimeter höhe, die berg-tal-struktur der düne liegt in einem größenbereich von zwei bis zwanzig metern. der dünenzug selbst, der wie gesagt oft eine länge von hundert kilometern hat und nur wenige kilometer breit ist, kann eine höhe von fünfzig, siebzig, im extremfall auch hundert meter erreichen.

wäre der sand überall gleich weich wie das wasser,

entstünde ein ähnlich gleichartiges wellenmeer wie die ozeane. aber sand verfestigt sich, vor allem nach einem regen. er hat verschiedene aggregatzustände. der wind trifft also auf widerstände, die ihn selbst umlenken, ihn hochtreiben oder ihn kräuseln lassen. daraus entwickelt sich dann das buch der tausend wind-sand-strukturen. es gibt weichen trockenen sand, flugsand und verfestigte sandschichten, preßsand. sand ist auch von einer anderen konsistenz als schnee. er ist nicht nur eine weiche materie, die sich ablagern läßt, er ist auch schmirgel- und fräsmaterial, und der wind schafft gerade durch die schürfende tätigkeit ungewöhnlichen formenreichtum. es gibt muster des abgelagerten sandes, aber auch des aufgebrochenen. der wind kann mit seinem sandgebläse die maserungen alter lagen freilegen und er kann feinsand in kräuselmuster hinwehen. vor allem kämme haben schnurornamente wie von einem modelrad geprägt. mal

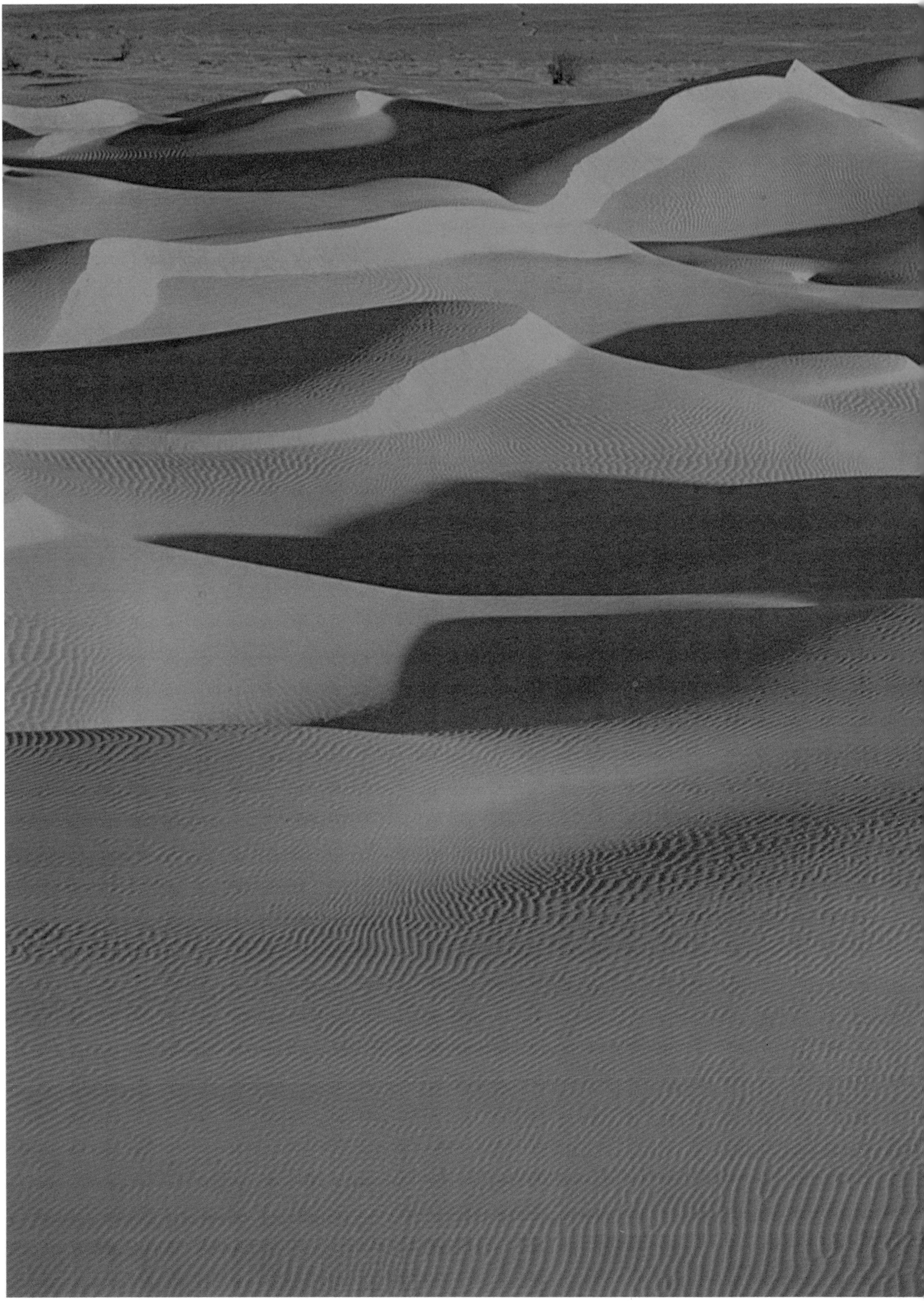

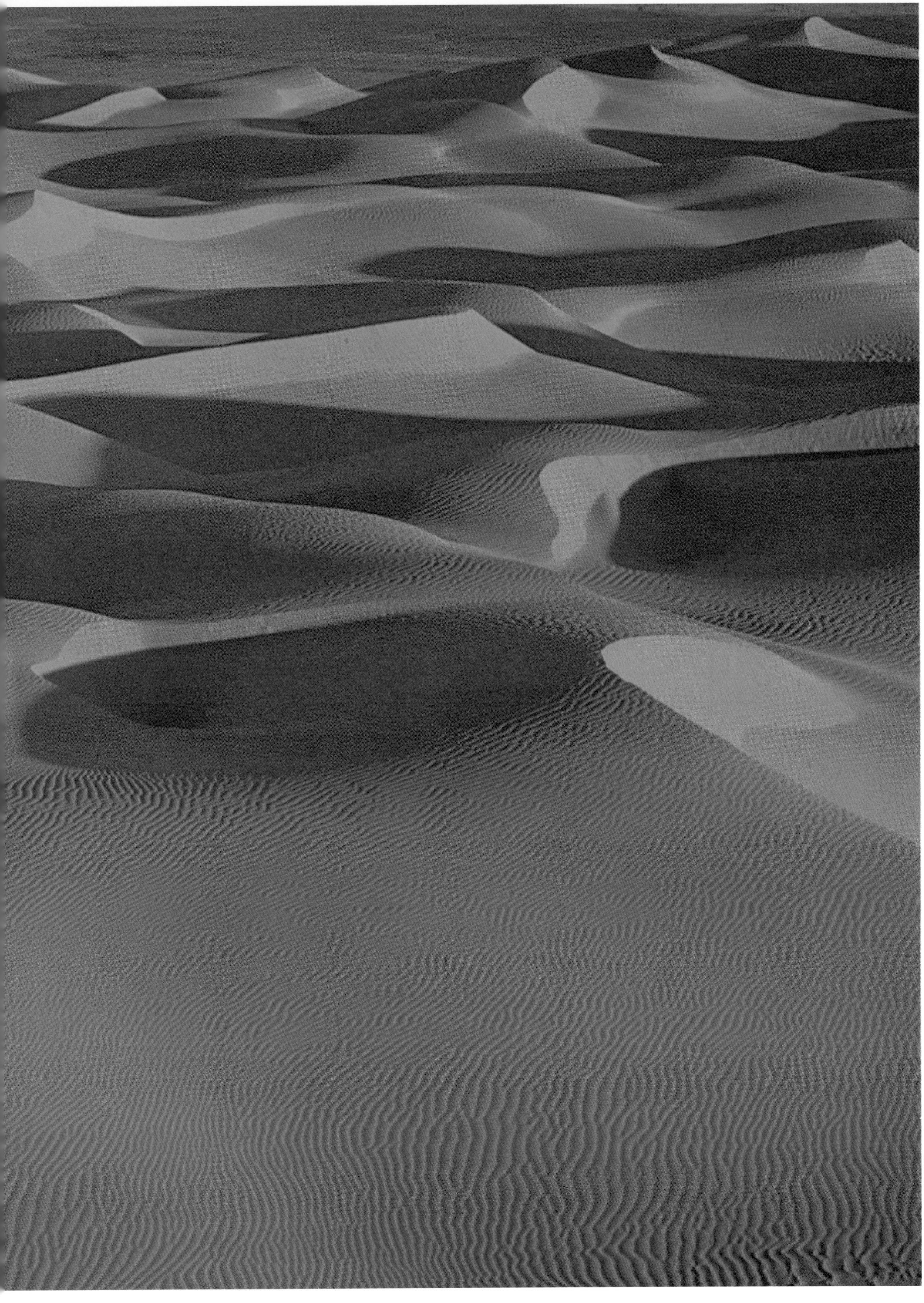

die farben der dünen ändern sich, je nachdem ob man gegen die sonne oder mit der sonne schaut. im gegenlicht wird der kristalline und stark reflektierende sand fast weiß.

nimmt die düne die oberfläche einer gänsehaut an, mal ist sie gewalzt. mal sind die ondulationen klein, mal groß, mal ist die oberfläche gestrickt, mal gewellt. ändert der wind seine richtung, legt er über grundwellen neue querwellen anderer frequenz. je nach höhe des hanges sind die frequenzen und amplituden verschieden. oben sind die wellen lang und tief, nach unten zu werden sie enger und flacher.

sand läßt sich türmen und kann grate bilden. er kann fließen und rutschen, und er läßt sich treiben, kräuseln und sicheln. es gibt dünen, die quer gelegten sicheln gleichen, und dünen, die einer schlangenlinie folgen. es gibt kopfdünen mit einer wulst an ihrem grat und spitzdünen, die eine windfahne an ihrer kante tragen.

die physik der dünen ist extrem einfach. die resultate sind ungewöhnlich, und der widerspruch zwischen methode und ergebnissen macht das gehen in wüsten zu einem so

rekonstruktion

ob sich das wirken jesu rekonstruieren läßt? mir scheint, mit dem versuch der entmythologisierung ist nicht mehr gewonnen, als daß man unterscheiden kann. es gibt authentische aussagen in den evangelien und ergänzungen. um herauszufinden, wo die grenze liegt, werden feinste fäden gesponnen. man könnte weitergehen.

ein drei-schichten-modell kann nicht weit von der wirklichkeit entfernt sein:

1. es gibt aussagen jesu
2. es gibt die judaisierende interpretation des wirkens jesu, wir wir sie bei paulus kennen
3. es gibt eine hellinistische interpretation, ganz offensichtlich, bis in die wort- und begriffswahl, im johannesevangelium.

nun wäre zu fragen: was für eine erwartungshaltung bestimmte damals das judentum? wichtig hierzu die schriften der essener (der gerechten).

ebenso, aber das weiß man möglicherweise bereits: was kennzeichnete die religiöse erwartung damals im hellenismus? man denke an die entstehung neuer kulte und der gnosis.

vergleicht man judentum und hellenismus von damals, dann ist offenkundig, daß gnostische auffassungen deutlich auf das judentum eingewirkt haben, so bei den essenern. trotzdem gibt es spezifisch jüdisches, abgeleitet von dem selbstbewußtsein, das auserwählte volk zu sein und das heil zu bringen.

diese drei positionen wären im kern, im unverwechselbaren zu beschreiben. das ginge für 2 und 3 leichter als für die aussagen jesu. denn sie sind ja das problem. wir verstehen das christentum als ein konglomerat aus der

aktivierenden ereignis für einen beobachtungsfreudigen intellekt. ohne schulung und apparat ist er in der lage, das gesetz von ursache und wirkung in einem zusammenhang zu sehen, der fast schon seine auflösung bedeutet. das gesetz in seiner einfachsten anwendung führt zu einer komplexität, die sonst nur höheren ordnungen abzugewinnen ist. dünen wirken wie organische wesen, und ihre ästhetik ist die der biologie, nicht die der physik. sie sind lebendig und fast lebend wie körper, nicht wie gegenstände. daß sie noch den mädchen der großen odalisque von ingres oder seinem türkischen bad gleichen, spricht auch nicht dagegen.

gebirge sind physik. ihre erscheinung zeigt die kräfte von schub und druck, von gewicht und massen, von kraft und bruch. hebungen und erosionen, bildungen und sprengungen halten sich die waage.

die düne kennt solche gegensätze nicht. hier ist kein gleichgewicht sich gegenüberstehender kräfte, hier ist nur fluß ohne überwindung. hier

lehre jesu, den auffassungen des judentums (eingebracht durch paulus) und den erwartungen des hellenismus (johannes). somit müßte es möglich sein, 2 und 3 von 1 abzuziehen und zum kern der lehre jesu vorzudringen. das wäre das programm.

jesus sagt, ich gehe zum vater.

darin liegt nicht mehr, als in dieser aussage offenkundig wird: ich gehe zum vater. und alle kommen zum vater.

im judentum bedeutet dies dagegen eine besondere beziehung zum vater, da nur der auserwählte zu gott eine entsprechende beziehung hat. er ist ein erhöhter. ein werkzeug gottes. einer, der die wahrheit besitzt. der orthodoxe jude kommt nicht zu gott. gott kann ihn höchstens belohnen.

im hellenismus ist der erhöhte bereits der sohn gottes. er ist logos und licht.

dies vereinfachende beispiel mag zeigen, wie eine drei-schichten-hypothese verschiedene projektionen trennen könnte, um herauszufinden, was in wahrheit am anfang stand.

noch ein beispiel:
welche rolle spielt das opfer, das repräsentative opfer in den drei schichten?

jesus bringt kein opfer und verlangt keine opfer. so wie er keine buße verlangt. opfer sind ihm fremd.

im judentum dagegen ist der opfergedanke, das opferlamm, virulent. angefangen von der beruhigung jahwes bis zum stellvertretenden leiden eines einzelnen für das verstockte volk. ja, das ganze volk, die ganze geschichte israels wird verstanden als ein opfer, um den völkern das heil zu bringen, allen völkern.

das opfer im hellenismus ist eine zelebration, in das leben einbezogen. die kulte sind opfergänge zur erlangung augenblicklicher subjektiver einstimmungen und befriedigungen, zur erlangung von einsichten und ausblicken.

die wüste zin und galiläa

bleibt die frage der wechselbeziehungen von kultur und landschaft. ob der rigorismus in der religion des judentums etwas mit dem land zu tun hat? der negev, wo sich die juden in der wüste zin aufgehalten hatten, ist noch aufgewühlter, dramatischer als hassi inifel. dünen sind anmutig. im negev begegnete ich einem drama.

und galiläa? ich möchte es sehen.

soviel ich bis jetzt über die kulturanthropologie des judentums gelesen haben, kann ich davon ausgehen, daß galiläa nicht gleich juda ist. kulturell und politisch hat sich galiläa anders entwickelt als juda. von diesem war es durch das heidnische samaria getrennt und ist erst relativ kurz vor christi geburt in den jüdischen staat eingegliedert worden, verbunden mit einer jüdischen siedlungspolitik und judaisierung der bewohner. die thesen jesu sind aus dieser situation heraus zu verstehen. sie sind antijudäisch, darüber habe ich keinen zweifel mehr, gleichgültig, ob jesus jude oder judaisierter galiläer war. genannt wird er später von der jüdischen orthodoxie: der galiläer. gesprochen hat er nicht hebräisch, sondern aramäisch. seine thesen haben den charakter einer geistigen opposition.

1. jesus kennt als zentrale religiöse gestalt nicht den gerechten, den aufrechten mann, der sagen kann, ich habe gute werke getan, ich habe die gebote gehalten, ich habe arme gespeist, war gut zu meinen knechten. er kennt nicht die erhabene gestalt, an der jahwe sein wohlgefallen hat, nicht den moralischen patriarchen, zu dem umwelt und nachkommen aufschauen.

diese gestalt hat ihren ursprung sowohl im vorbild der nomadenväter wie in einer religion, die keine unsterblichkeit der seele kennt und bei der der lohn jahwes und sein wirken noch im diesseitigen leben sichtbar werden muß. sei es in der zahl der nachkommen, in der mehrung des besitzes, im ansehen und in der öffentlichen anerkennung oder in dem ruf der weisheit und gerechtigkeit.

diese gestalt hat etwas großes. aber jesus kennt sie nicht. nicht als endausbildung eines gottwohlgefälligen lebens. hiob hat bereits gegen eine solche religion opponiert. glück und ansehen, gesundheit und besitz zeichnen auch den bösen aus. und er, der gerechte, muß mehr leiden als andere. bei jesus bricht die bedeutung des gerechten sogar um in die des selbstgerechten, des heuchlers.

die menschen jesu sind die von der gesellschaft übersehenen, der kleine, der vergessene, der sünder, die diebe und die prostituierten – zum abscheu der gerechten.

die religion einer moralischen aristokratie ist aufgegeben, wie sie beispielhaft die essener vertreten, die sich ja auch die gerechten nannten.

2. jesus stellt sich außerhalb der thora. die thora ist steht nicht das negative gegen das positive, hier ist kein kampf. deshalb gibt es auch keine schluchten, brüche, steilwände. alle übergänge sind weich. und obwohl man von der erscheinung her den eindruck hat, man befindet sich in den höchsten regionen des hochgebirges, im ewigen eis und schnee des monte rosa, lassen sie sich begehen nach normalem menschlichen verhalten, barfuß, wenn es sein soll, von sattel zu sattel.

dünen sind menschlich, uns menschen entgegenkommend, vielleicht sogar menschliche entsprechungen. schon äußerlich – sie haben keine kanten, keine klüfte und man kann sich nie verletzten –, aber auch mental. sie sind bewegt, in bewegung, ohne flüchtig zu sein. sie sind so in bewegung, daß sie statisch erscheinen, und so statisch, daß man ihre bewegung wahrnimmt.

mir sind filme zu flüchtig, und literatur ist mir zu statisch. dünen sind ein buch, das fortgeschrieben wird, wie wissenschaft oder politik. ich möchte ja auch mich selbst fortschreiben. ich möchte

nicht nur das buch der geschichte israels, es ist das buch der gottesgeschichte. in ihr spricht jahwe. die thora ist gotteswort. kein buchstabe an ihr darf verändert werden. die thora nimmt die stellung eines weltgesetzes ein, sowohl zum verständnis der welt und der geschichte wie auch zur bestimmung des eigenen verhaltens. ihre vorschriften sind bindend. priestertum gibt es zuerst im sinn der erklärung der thora.

diese autorität bricht jesus, provokativ. er mißachtet demonstrativ hunderte von religiösen vorschriften, so etwa bei den sabbat- und speiseregeln. rein, sagt er, ist nicht, wer die thora befolgt, sondern wer für sein handeln eine saubere absicht hat, wer reinen herzens ist.

an die stelle der autorität der thora setzt er die der eigenen motivation. eine solche individualisierung der religion ermöglicht einen unmittelbaren dialog mit gott und übergeht die mittelinstanz der thora und ihrer ausleger und sachwalter. die pharisäer und schriftgelehrten erkennen, daß hier jemand daran geht, ihnen ihre basis zu entziehen. daß jesus in ihren augen den gott ignoriert und lästert, der aus der thora spricht, ist ihnen ein legaler grund, ihn mundtot zu machen. sein tod ist kein unglücksfall oder mißverständnis. die kreuzigung ist nicht unadäquat. jesus verkündet eine andere religion.

3. jesus ist skeptisch gegenüber einer bußreligion. es gilt als erwiesen, daß jesus bei johannes dem täufer war, der zur buße aufruft. er folgt ihm in vielem. aber seinen appell, buße zu tun, greift er nicht auf. er nimmt zwar an, wie johannes, daß das ende der zeit nahe ist. er erwartet es sicher noch in seinem leben. aber er selbst fastet nicht, zieht nie ein bußgewand an, ruft auch andere nicht zur buße auf, reinigt nicht durch taufen. er will das gespräch mit gott eröffnen, nicht durch schuldbeschauung die menschen noch mehr an sich binden. er befrachtet nicht sein eigenes gewissen mit schuldkomplexen, noch bürdet er sie andern auf, wenn er ihre vergehen offenlegt. tue es nicht mehr, ist seine reaktion. bußauflagen verteilt er nie.

er ermuntert, statt zu malträtieren. er frischt die seelen auf, statt sie zu belasten. wenn man weiß, wie hirten mit ihren tieren umgehen, versteht man das von ihm bevorzugte bild. jesus nimmt an festmahlen teil, trinkt wein, wie man in galiläa immer wein getrunken haben mag.

gegenüber der männermoral des judäischen judentums ist dieses verhalten herausfordernd, milde, nachsichtig, weich und eher umsorgend als recht setzend. er hat fast weibliche helfende züge. das ist kein hinweis darauf, daß galiläa einem kulturkreis angehörte, in welchem es eine oberste weibliche gottheit gab, eine gottheit des

meinen grundsätzen treu bleiben und sie laufend ändern können.

die festigkeit der dünenoberfläche ist so, daß man ständig beschäftigt ist, eine optimale route zu finden. die düne kann weich sein, aber auch fest wie stein, sie kann mehlig-klebrig sein, was das gehen sehr hemmt, oder brüchig wie eis. das auge kann aus der oberflächenstruktur im nu die innere festigkeit ablesen und lernt rasch, wege zu finden.

die farbe der sanddünen variiert sehr stark. man gewöhnt sich rasch an den generellen farbton, und beginnt ihn dann in einer feinunterscheidung mit deutlichen merkmalen zu differenzieren. eine düne sieht morgens und abends sehr verschieden aus, aber auch, wenn man von einem standpunkt aus die gesamte blickrunde bewertet, merkt man unterschiede von prägnantem charakter, je nachdem, ob man in das licht oder mit dem licht blickt. auch der wind ändert den farbton. bei flugsand bricht sich die sonne im gegenlicht wie auf silbrigem eis. dann sind auch die sandfarben verschieden. im souf sind sie weißlicher, bei el golea rötlicher und bei in salah bräunlicher. es gibt dünen, die rosa-braun sind, solche in weißbraun und dann wieder solche in violett-braun. das hängt mit ihrem alter zusammen, aber auch mit beimischungen wie gips im souf oder den schwarzsteinen des plateaus von tademait. auch die entfernung spielt für die farbe eine große rolle. manche fernen dünen liegen im abendlicht da in schönstem flamingo-rosa.

die formen bestimmt der wind. die farbe der düne wird nur zweimal lebendig: am frühen morgen und am späten abend. tagsüber ist die düne in konturenloses, weißes blendendes licht gehüllt. sie ist unansprechbar.

es liegt auf der hand, daß sich das farbbewußtsein schnell verfeinert und bald mühe hat, mit dem vokabular unserer groben farbenbezeichnung auszukommen. neue farbnamen entstehen.

und das alles ist nur der sand, nur der wind und nur das licht.

in dem talgrund von fort miribel mit einigen büschen und einem brunnen leben noch einige wilde esel, offensichtlich eine erinnerung daran, daß hier bis vor kurzem ein karawanenzentrum war. bei unserem letzten aufenthalt sind sie uns nicht mehr begegnet.

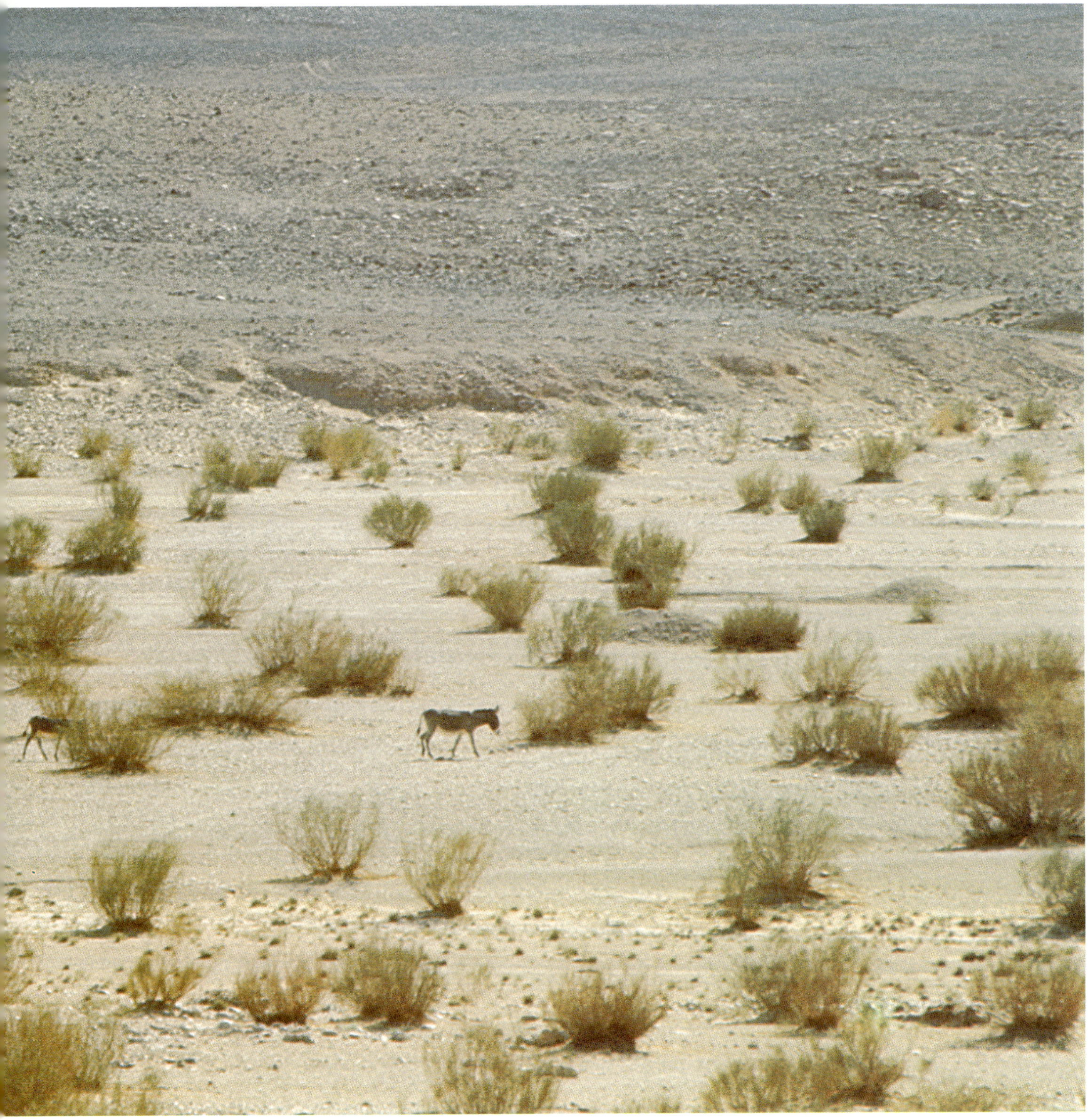

säens, wachsens und erntens. dazu ist das verhalten jesu zu autonom. immerhin geht er gelegentlich in die städte der phönizier.

doch stellt man sich das land dieser mentalität eher wie eine toskana vor, als wie die gewaltigen ufer des toten meeres, in denen sich david versteckt hielt und wo die essener ihr domizil hatten.

diese gelassene moral ist freilich nur denkbar in verbindung mit der vorstellung von einem weiterleben nach dem tode, damals kein allgemeingut. die herrschenden jüdischen kreise, die sadduzäer, lehnten sie ab.

erst die vom platonismus kommende vorstellung vom leben nach dem tode konnte die scheidung der geister, der guten von den bösen, getrost gott überlassen. die welt schafft das nicht.

4. die plattform für das denken jesu ist das reich gottes, das heißt, das jenseits, in das unkraut und weizen, gute und schlechte eingebracht werden, um dann nach ihrem verhalten geschieden zu werden. die welt ist nicht gerecht. vor allem die kleinen, die verlorenen schafe und die vergessenen haben nur eine chance drüben. die wirklich humane welt wäre die, welche die unterprivilegierten in ihre mitte stellt. sie werden aber nicht anerkannt werden. so wird es gott tun, der den charakter eines vaters hat.

dieses reich gottes, das übernahm jesus von johannes dem täufer, steht vor der tür. es ist so nahe, daß es nicht mehr lange dauern kann, bis er zum vater geht. und wir alle werden dann auferstehen. so etwa ließen sich die thesen jesu umreißen.

es sei hinzugefügt, daß jesus eine lehre verkündete, aber keine institutionelle religion ausübte. er pflegte mit seinen anhängern keinen gottesdienst, ließ sie nicht durch priester betreuen. er predigte im freien, in synagogen, hielt ansprachen in häusern und richtete das wort an die menge auf der straße. religionsausübung setzte keine speziellen religiösen vorkehrungen, keine speziellen religiösen taten voraus. der opfergedanke taucht nie bei ihm auf, der im judäischen judentum eine zentrale rolle spielte. sein gott wollte angesprochen sein und war immer ansprechbar. die apostel, den kreis seiner engeren jünger, nannte er sendboten. sie sollten eine befreiende, frohe botschaft verkünden.

wieso kommt dann die taufe wieder in das christentum, die buße, die schuld der sünde und der heilige, der gerechte? wie kommt es zur rücknahme des christentums in die jüdische tradition, zu seiner judaisierung? zur einsetzung von priestern und zum institutionellen gottesdienst? aufschlußreich dafür ist bereits die erste historische erwähnung jesu. die briefe von paulus sind als historisch echt anerkannt. im brief an die korinther wird jesus zum ersten mal erwähnt, etwa 20 jahre nach seinem tod. in drei sätzen. dabei kehrt eine bezeichnende redewendung wieder: er ist gekreuzigt worden ›gemäß der schrift‹, und: er ist auferstanden ›gemäß der schrift‹, sprich, gemäß der thora. zweimal wie ein manifest heißt es: gemäß der schrift.

paulus war der sohn eines rabbiners in der hellenistischen diaspora. er wird als eiferer bezeichnet. am tod des stephanus fühlt er sich mitschuldig und wird zum konvertiten. man greift wohl kaum daneben, wenn man festhält, daß paulus die thora sanktionierte, indem er jesus nun aus der thora erklärte. tatsächlich bot das alte testament solche möglichkeiten an. es ist von der erlösung die rede, vom gottesknecht, vom messias des leidens. die thora ist voll von hinweisen auf die verstockten juden, die nicht auf jahwe hören, seine ratschläge nicht befolgen und seine sendboten nicht hören. das alte testament bildet die umrisse einer gestalt heraus, in die nur jener jesus von nazareth hineingestellt zu werden brauchte, um die thora ins recht zu setzen. die apostel waren nach der kreuzigung zunächst perplex und drauf und dran, sich zu zerstreuen. dann folgte die erhellung: mußte das alles nicht geschehen, damit die schrift erfüllt werde? sie lasen das leiden jesu rückwärts aus den schriften und erschlossen damit seine neue dimension und kontur.

jesus dagegen hat sich in seinen reden nie auf die autorität einer übergeordneten schrift berufen. er hat sich auch nie als messias bezeichnet.

es wäre kaum zu verstehen, daß paulus zur zentralfigur des urchristentums aufgestiegen wäre, wenn er nicht über seine konversion noch mehr eingebracht hätte, eben die judäische interpretation des galiläers, die sicht aus der schrift. jesus von nazareth gerät damit in das feld der projektionen, die wohl kaum noch zu trennen sein werden. mit paulus wahrscheinlich gehen auch die hellenistischen heilserwartungen und vorstellungen, die sich in der gnosis niederschlagen, in die deutung eines menschen ein, den er selbst nicht gekannt hatte. ist paulus der schöpfer des (historischen) christentums? jedenfalls taucht anstelle des begriffes galiläer für die anhänger jesu zum ersten mal in antiochia, wo paulus wirkt, der begriff christen auf, die erlösten.

um so aufregender wird der versuch werden, das freizulegen, was jesus selbst gewollt hat. es ist heißes material, heiße erkenntnis, wenn es richtig ist, daß er die menschen ohne thora mit gott in korrespondenz bringen wollte.

im moment wird wieder krieg darüber geführt, zu wem galiläa gehört. ich möchte trotzdem einmal hin. ich möchte das land einmal kennenlernen, in dem der mann aus nazareth umherzog. seine fast lässige art einer provokation sondergleichen, das bewußte übersehen einer heiligen autorität und das überlegene sticheln gegen ihre vertreter, und sich dabei demonstrativ um die kümmern, um die es geht, die vergessenen, das ist noch heute ein schock.

die wüste zin kenne ich, wo moses vierzig jahre mit dem volk israel lebte und die grundlage zum alten testament schuf. diese wüste erklärt so vieles am alten testament, daß ich noch galiläa sehen möchte, ein land zwischen gärten und wüste.

reduktion und gewinn

die technische zivilisation ist in den zonen des gemäßigten klimas entstanden. der größere bedarf an kleidung als klimaschutz hat einen höheren aufwand erfordert. es ist nicht von ungefähr, daß die technische zivilisation mit der erfindung des mechanischen webstuhls und der spinnmaschine beginnt. erst danach wird die dampfmaschine benötigt, um sie anzutreiben.

die jungsteinzeitliche zivilisation, die wir eben hinter uns haben und die uns den ackerbau, das handwerk und die arbeitsteilung brachte mit der domestizierung des tieres, ist entstanden in den heißen regionen der erde.

die äquatorialzone der erde mit den großen tropischen urwäldern ist bis heute besiedelt gewesen mit primitiven.

die antiken hochkulturen vom indus, syr-daja, euphrat und tigris, nil, waren flußkulturen mitten in bestehenden wüstenzonen. sie brachten uns die technik der bewässerung, des bauens mit steinen, die architektur, die mathematik, aber auch die großen religionen: zarathustra lebte am rand der wüste, echnaton, moses, johannes der täufer, jesus, mohamed. im norden ist keine weltreligion entstanden. im norden gibt es keine propheten. dort gibt es die revolution.

propheten sind auch nicht denkbar ohne die wüste, ohne die hin und her überschreitbare grenze zwischen stadtkultur und leere. wobei die leere sich öfter als das volle erwies, und das volle als das leere. moses fand die zehn gebote nicht in der stadt. und johannes der täufer, der eine immer größer werdende bedeutung für die entstehung des christentums gewinnt, rief von der wüste

der brunnen von hassi moussa, auf allen sahara-karten vermerkt, ist in wirklichkeit ein kleines loch. auf seinem grund steht wasser an, gerade mit einem kleinen holzstab zu messen. da der brunnen ohne nomaden nicht freigehalten wird, ist er mehr und mehr zugeweht.

aus in die jüdischen städte seine drei thesen: das ende ist nahe, ihr hüter der religion seid heuchler, rettet euch durch umkehr.

die wüste ist keine wildnis im gegensatz zu den leerzonen des nordens. sie ist rein, groß, unbefleckt. sie hat das hellste licht und den funkelndsten himmel. sie ist ein ort der moral. sie fördert die reflexion und sie zeigt das prinzip: minimierung der ansprüche ist optimierung der freiheit. reduktion ist gewinn.

wer alles zurückläßt und nur mitnimmt, was er am leib hat, kommt als er selber zurück.

das heißt nicht, daß die propheten in der wüste geblieben wären. das mönchtum, das aus der wüste kam, ist erst im norden von einer einrichtung der ambivalenz zu einer solchen des ständigen prinzips geworden. columban war bereits ein fanatiker der moral. ausschließlichkeit trat an die stelle der polarität. an die stelle der spannung trat die doktrin.

moses hatte nicht die absicht, in der wüste zu bleiben. im gegenteil. ebensowenig zarathustra. johannes war auch am fürstenhof kein fremder, und mohamed war alles andere als ein prinzipieller asket. trotzdem blieben sie der wüste verhaftet. man besuchte sie. war man einige zeit in ihr, entwickelte sie sich zu einer art spiegel, zu einem reflektor.

in der gesellschaft agiert man immer nach außen, aus sich heraus. man bewegt sich in einem feld von menschen, institutionen, regeln und sitten. immer sind andere im spiel, die guten und die weniger guten, die höheren und die niedrigeren. immer ist man gefordert. einen ort des gleichgewichts und der schwerelosigkeit gibt es nicht.

in der wüste ist man allein. die gedanken kommen zurück. sie beschäftigen sich mit einem selbst. und selbstbeschäftigung ist moral.

nicht, als ob man nun zu meditieren anfinge und zum moralisten würde, zum asketen und weltverleugner. es ist das alleralltäglichste, daß man sich mit sich selbst beschäftigt.

im norden wuchsen die ideologien, die doktrinen, die systeme. es gibt ständig veranlassungen, die gesellschaft zu verändern. hier sind die revolutionen gemacht worden. die wüste kennt nur das system, in dem man selbst der mittelpunkt ist.

eine kultur, zu der die wüste gehört, muß andere merkmale haben als die, die einen nie aus dem kessel des gesellschaftlichen drucks entweichen läßt.

die wüste ist keine landschaft der ablenkungen. man hat zeit, sich mit sich selbst zu beschäftigen und protokolle zu führen.

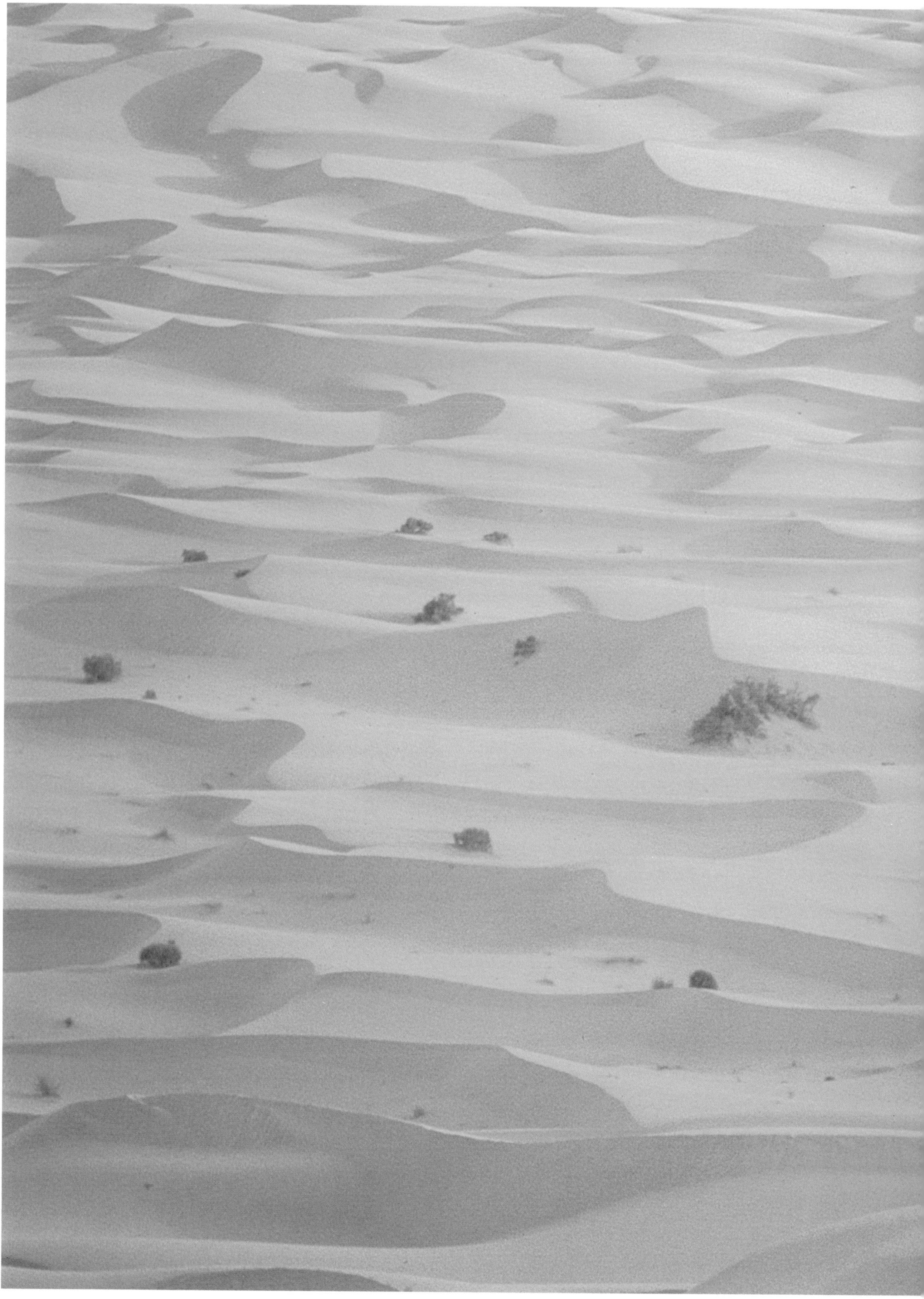

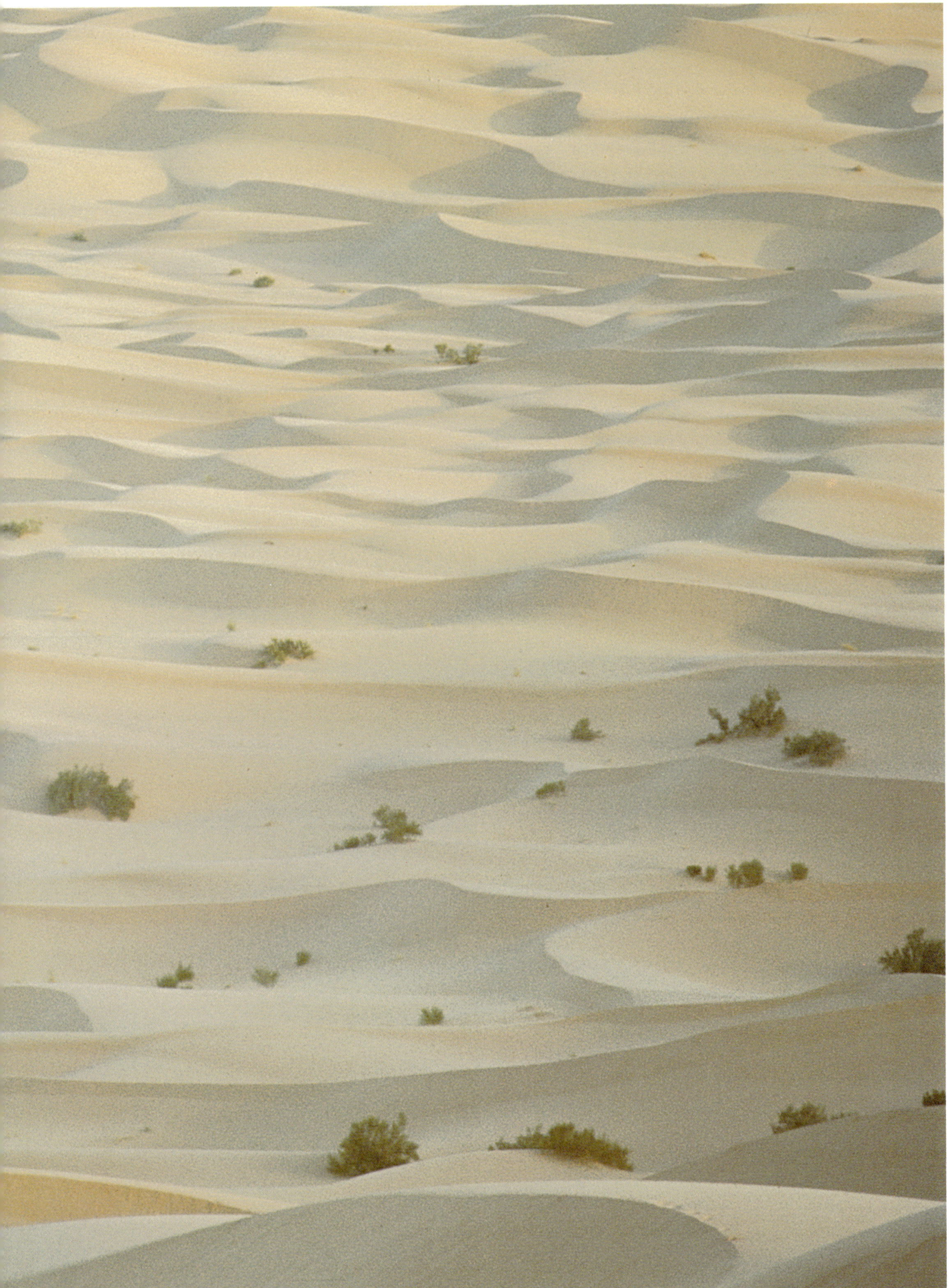

die quellen von le corbusier

eigentlich wäre es fair gewesen, wenn le corbusier gesagt hätte, daß er seine architektur den zwei architekturen nordafrikas verdankt, seinen besuchen in der sahara. der modernen architektur hat le corbusier zwei prototypen beigesteuert: die villa savoy, das kubische haus mit dachgarten und innenhof, und die kirche von ronchamps, die nischen- und rundraumarchitektur mit kleinen lichtscharten.

und beide prototypen sind traditionsbauten nordafrikas, überall vorhanden in tausenden von variationen.

die kirche von ronchamps ist eine adaption der trokkenziegel- und lehmbauweise der berber mit eingemischten steinen, am reinsten vorhanden in den tunesischen ksars wie ghermassen, im algerischen souf, vor allem seinen randoasen, oder in gardeia, besonders in den urbauten des friedhofs, aber auch in el golea, etwa in der kleinen kirche unterhalb des ksars. diese architektur ist weich, bestimmt durch handgeformten lehm, hat kleine lichtscharten, nischen, buchten, kuppeln und gewölbe. das blendende licht der sahara tritt durch wenige kaum sichtbare öffnungen ein oder fließt von einer hohen dachöffnung herab.

im gegensatz dazu ist das muselmanische haus reine geometrie. es ist ein ummauerter garten ohne fenster nach außen, in einem teil oft zweistöckig, mit galerie und dachgarten. nichts ist einsehbar. das haus öffnet sich dem licht und hat einen kühlen garten und innenhof. von außen wirkt der gemauerte kubus mit nur wenigen öffnungen und einer kleinen tür wie eine burg. es ist die burg der frau und der kinder, der familie als autonomem und separatem bezirk der gesellschaft, oder besser: außerhalb der gesellschaft. so einfach und kubisch das ganze nach außen ist, so gegliedert und reich ist es nach innen. ein meistens nicht sehr großer garten mit einigen palmen, mit oleander, feigen, mandelbäumen, rosen, vielleicht auch etwas gemüse, ist in dem spiel von licht, raum und verschiedenen grüns, verbunden mit kühle und frische, in der hitze der wüste einfach ein paradies. das haus selbst hat häufig einen innenhof mit ausgang zum garten, brückengalerien und eine open-air-architektur im dachgarten. ein szenarium der geometrie und der fließenden und wechselnden räume.

beides existiert in und am rande der sahara nebeneinander. der küstenbereich ist mehr kolonialarchitektur, import aus dem frankreich des 19. jahrhunderts.

die berberarchitektur ist die der ureinwohner. sie hat vorgeschichtliche merkmale. die arabische architektur ist

navigieren wenn man nicht mehr weiß, wo man ist, kann's wirklich der anfang vom ende sein. man kann auf einem quadratkilometer im kreis herumlaufen. wenn man schon einmal die orientierung verloren hat, dann lieber einen neuen anfang machen, sagen: hier bin ich (auf der karte) und diesen kurs nehme ich, um dieses bestimmte ziel zu erreichen.

ohne karte zu gehen ist sinnlos. am anfang nahm ich am liebsten die französische 1 : 500 000er karte des institut geographique national. die 1 : 200 000er karte war mir damals zu detailliert und voluminös. sie enthielt keine unbekanntheiten mehr. die karte im größeren maßstab setzt mehr interpretationen, mehr eigene arbeit voraus und hält das unternehmen im zustand größerer wachheit. und wachheit, ständiges wissen, wo man ist, ortsbewußtsein, richtungsgegenwärtigkeit ist alles. man kann sein gepäck verlieren, nichts mehr zu essen haben, aber die eigene existenz ist soviel wie wissen, wo man ist, und wohin

moderner in der technik und im raumprogramm. wir kennen sie aus den pilgerfahrten der expressionisten zur reinen form. aus den bildern von macke und klee. aus ihren reisen nach sidi bou said.

wer über le corbusier schreiben will, muß erst einmal in die sahara gehen. möglicherweise läßt er es dann sein. viel von le corbusiers genie (das meiste?) ist gar nicht von ihm. immerhin war er groß genug, den zivilisationsfluß des kolonialismus nicht nur einseitig gesehen zu haben, als verpflanzung der architektur von paris nach algier, sondern auch umgekehrt; die architektur der berber und der araber war ihm nicht zu klein, sie war nicht nur die architektur der unzivilisierten. er verpflanzte sie nach frankreich. und die welt bewunderte sie.

nur: fairerweise hätte er deutlich machen müssen, woher er das alles hat.

statt von moderner architektur würde man dann möglicherweise von süd-nostalgie sprechen müssen. freilich hat er die villa savoy in beton und glas gebaut. aber selbst bei ronchamps vergißt le corbusier die schule von perret, die ihm das bauen mit moniereisen beibrachte.

kurz nachdem ronchamps gebaut worden war, hatte ich gelegenheit, dort den bauleiter kennenzulernen und aufschluß zu erhalten über die konstruktion und die art, wie diese kirche gebaut ist. ronchamps imitiert sogar den handgeworfenen putz und wird (konstruktiv gesehen) zur schlimmsten rapitz-architektur des 19. jahrhunderts. die dicken mauern mit den lichtscharten sind innen hohl. das dach wird getragen von einem stahlbeton-skelett, das dann als rustikale mauer verkleidet wurde. das ist – bautechnisch gesprochen – beinahe das schlimmste, was ein architekt tun kann. gar nicht zu sprechen von dem credo einer neuen architektur.

ich habe den rationalismus le corbusiers immer bewundert, bis dann ronchamps gebaut wurde. das hielt ich für falsch verstandene religion. ein besuch in der sahara belehrt einen, daß es sich um eine rein formale übernahme der berber-bauweise handelt. die heutige technik daran ist versteckt und verkleidet. der rationalismus ist in wirklichkeit formaler habitus eines künstlers.

le corbusier bleibt einem idealistischen konzept kreativer tätigkeit verhaftet. er gewinnt seine lösungen nicht aus der materialen behandlung eines problems, seine ästhetik ist vorgegeben. vorgegeben in einer angeblich abstrakten, aus sich heraus existierenden formenwelt, wie die des stijls oder der guitarrenmalerei von juan gris oder ozenfant, oder aber vorgegeben im historizismus, sei es in der architektur der araber oder der der berber in nordafrika. natürlich ist sein historizismus nicht der des neuklassizismus, der neugotik oder der neurenaissance. diese repräsentative fassadenarchitektur hatte gerade seine zeit verunstaltet gehabt. wenn er sich statt dessen an eine funktionale historische architektur hält, gibt er dem verlangen seiner generation nach einfachheit ausdruck. methodisch aber bleibt es dasselbe, ob ich eine kirche nach dem vorbild der gotik baue oder, wie es in ronchamps geschehen ist, nach dem vorbild der sakralbauten der berber.

man kann von der architektur der sahara begeistert sein, so unscheinbar sie ist. man kann verstehen, daß die augen le corbusiers davon nicht genug bekommen konnten. aber formalismus blieb der transport in den norden trotzdem. ein neues zeitalter des bauens brach damit noch nicht an. ein altes wurde lediglich verpflanzt.

kunstwerke

etwas so perfekt machen, wie es sein muß. und aus freien stücken.

mit eigenem ziel. nach eigenen regeln. als konstituierung von eigener freiheit. als selbstverwirklichung.

das könnte eine heutige formel für kunst sein. was zugleich ihrer auflösung gleichkäme. denn nichts mehr hätte mit elitärem sonderkönnen zu tun. jedermann könnte diese art betätigung leisten. kunst würde etwas humanes sein, nicht mehr das exzeptionelle an sich. gerade der charakter der sonderheit würde ihr genommen. eine sache solcher art kann ein stück handwerk sein, kochen für freunde, oder ein stück politik, initiieren einer aktion oder steigerung eines talents, spiel mit der mundharmonika oder eine lebensaktion, leben mit eskimos oder eine untersuchung farbreihen in rot.

aber kunst läßt sich nicht totkriegen. sie ist systembestandteil einer gesellschaftsverfassung, in der das prinzip des marktes dominiert, daß nämlich wertvoll ist, was selten ist, und wertlos, was nichts kostet, was im überfluß vorhanden ist. im spiel von angebot und nachfrage tritt dann die kulmination ein, wenn es gelingt, nur noch originale herzustellen, nicht wiederholbare einzelstücke. diese produktion der ausnahme ist kunst. an die stelle des naturseltenen tritt das gemacht seltene, sofern es gelingt, es begehrt zu machen.

dieses gemacht-seltene wird dann um so einmaliger, wenn es seinen wert verliert, weil es (z.B. als happening) einen hohen verfallswert besitzt. jedes werk muß dadurch

nur in der wüste mit ihrer klaren luft kann man die himmelserscheinung wahrnehmen, daß die sonne, ehe sie aufgeht, manchmal schon stunden zuvor eine art senkrechte flamme zum himmel emporschickt. in der tiefen nacht ist es ein blaues licht, später wird es flammend rot.

dünen sind wasserspeicher. der sand hat eine schlechte thermische leitfähigkeit und im innern bleiben dünen kühl. siebzig cm unter der oberfläche bleibt die temperatur tag und nacht konstant. auch wenn es selten regnet, hält sich doch so viel wasser, daß tiefwurzelnde pflanzen überleben können. nach einem regenguß gleicht die düne unsern marmorkuchen.

man zu laufen hat. leben ist information. dazu eine, die man selbst herstellt.

die arbeit an diesem wegbewußtsein ist der intellektuelle, fast wissenschaftliche teil des unternehmens. sie ist zugleich befriedigend und stillt unseren hunger nach erkenntnissen.

eine zurückgelegte strecke trage ich immer in die karte ein mit der uhrzeit ihres beginns. allerdings gehe ich nicht mit der karte direkt, es verwirrt nur, ständig mit der karte in der hand herumzulaufen. man sucht auf seinem

wertloser werden, daß ein nächstes produziert wird. voraussetzung dafür ist allerdings ein mechanismus, das seltene als gesellschaftlich seltenes zu klassifizieren. schließlich kann jedermann etwas einmaliges machen. aber ob es ihm gelingt, es als etwas besonderes, seltenes zu offerieren?

das ist eine zusätzliche kunst. kunst wird erst zur kunst durch die kunst in der potenz. sie wird zur bewußten kunst durch den akt des marketing. das heißt, durch die öffentliche wertschöpfung.

das kann sehr wohl ein besonderer akt der absurdität sein, wie im happening, oder ein komplott der kunsthändler, die eine mode kreieren. ohne marketing keine kunst. zum marketing gehört vorrangig das erscheinungsbild von werk, künstler und kunstbetrieb.

ich wurde belehrt, beim essen die kopfbedeckung abzunehmen. es kann ein akt des kunstmarketing sein, die kopfbedeckung, einen hut etwa, aufzubehalten. man trägt ihn dann auch beim kochen in der küche. obwohl es nicht regnet, nicht schneit und auch nicht die sonne scheint.

man muß nicht zu kriechern zählen, wenn man darin den irrsinn eines fragwürdigen prinzips sieht. ich fühle mich mit tatlin und dem frühen mondrian in guter gesellschaft, wenn ich diesen kunstbetrieb als überlebt ansehe.

es ist einfach nicht mehr wahr, daß nur das seltene kulturelle qualität hat. ein tausendfach hergestelltes industrieprodukt, selbst der kleine taschenbüchsenöffner, bleibt frisch als ingenieuser einfall. man staunt ja auch über die form des eies, sobald man es aufzuschlagen hat, obwohl der markt davon überschwemmt ist.

aber man bringt mich nicht dazu, von einem kunstwerk zu sprechen, sobald jemand ein ei auf eine schwedische babywindel haut. nichts gegen nonsens und absurditäten. aber das prinzip der schaffung von einmaligkeit im sinne der kunst lasse ich so wenig gelten wie andersens neue kleider. ein x wird auch dann nicht ein u, wenn man es als symbol für nietzsches umkehrung aller werte erklärt. nicht bei der logik, in der sich mein kopf zu bewegen pflegt.

umgekehrt ist es traurig mitanzusehen, wieviel kulturelle kreativität liegen bleibt, wie man die gesellschaft daran hindert, auf humane weise schöpferisch zu sein, nur weil ein paar hansel kreativität zu einem irrsinn gemacht haben, der begafft wird. zum vorteil aller beteiligten. man trägt dann den hut und die miene des armen mannes und fährt rolls-royce.

weg markante punkte, bringt sie in übereinstimmung mit der karte und geht auf diese punkte zu. irgendetwas am horizont findet sich immer, und keine düne sieht wie die andere aus. ist dieser punkt erreicht, wird in den sand die windrose gezeichnet und mit langem strich die richtung, die man zu gehen hat. dieses zeichnen ist wichtig, es schafft genauigkeit. man kann visieren und ist gezwungen, den zielpunkt schärfer ins auge zu fassen.

abweichungen, die nicht auf einen ausgangspunkt zurückführen, sind immer riskant. auch wenn man besten willens ist, auf den alten kurs zu kommen, bringt dies unsicherheit, zweifel. man fühlt sich irritiert. und das lähmt und entzieht einem den boden der sicherheit. man ist verlassen, ehe man verloren ist. wenn man eine uhr hat, ist ein kompaß nicht erforderlich. ich nehme nie einen mit.

die uhrzeit und der sonnenstand sind ausreichend für die bestimmung der himmelsrichtung. nachts hilft der polarstern ohnehin am präzisesten. ich mag solche arbeiten an der ortsbestimmung ohne kompaß. der größere aufwand und die sorgfalt der überlegung schärfen den orientierungssinn und das ortsbewußtsein besser als das ablesen eines instruments.

jeweils auf halbem weg ziehe ich bilanz: ist der eingeschlagene weg gesichert oder gab es zu viele abweichungen? im notfall kehre ich um, vor allem, wenn das ziel nur ein punkt, etwa eine siedlung oder oase, wäre und nicht ein band wie etwa eine querlaufende straße, die man ja kaum verfehlen kann. in der wüste darf es zwar risiko geben, aber kein heldentum.

auf einer fläche, halb so groß wie die bundesrepublik, sind wir drei menschen begegnet. einer ist much'med, der wie wir nach hassi inifel unterwegs ist, um wasser zu holen.

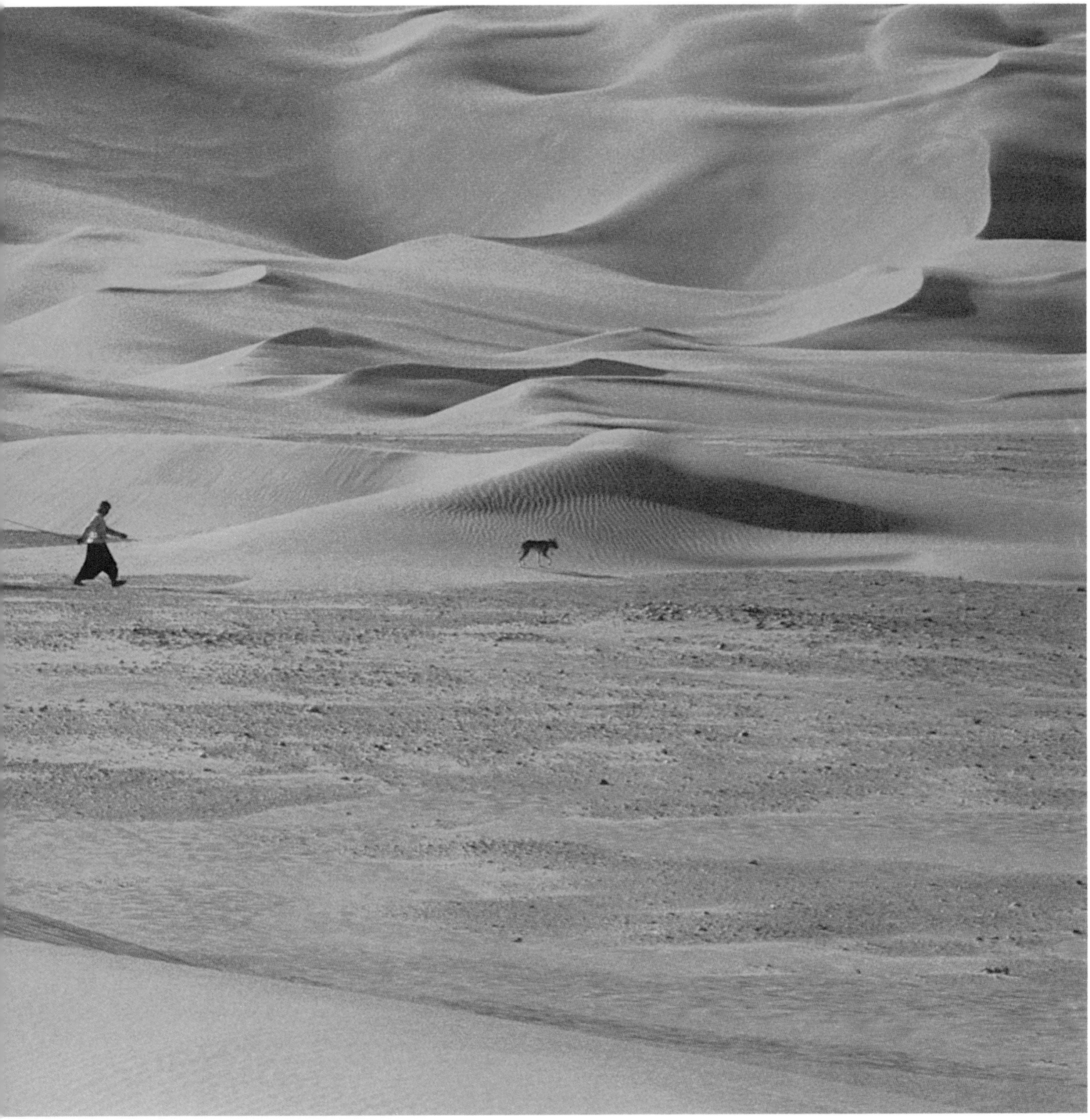

minimierung und kunst

much'med lädt unser gepäck auf sein kamel. er nimmt es mit nach sidi abd el hakem. auch er will zum brunnen. unser wasser ist fast zu ende. wir haben etwas mehr gebraucht als vorgesehen.

gestern nacht schon, als wir ins msedli kamen, glaubten wir, einen hund zu hören. wir waren ganz nervös: nach langer zeit ein zeichen von einem menschen. nun entdecken wir much'med, sein kamel und seinen hund auf dem weg nach sidi abd el hakem.

das kamel geht wie immer schnell. wir haben mühe, mitzukommen. aber wir haben die last los. dabei sieht es immer aus, als gingen kamele langsam, mühsam langsam.

much'med ist der zweite nomade, den ich seit jahren hier gefunden habe, der erste mensch, den wir diesmal antreffen. er ist allein in einem königreich voller steine und sand und ein paar pflanzen. irgendwo wird sein zelt stehen, mit frau und kindern. wir können leider noch nicht soviel arabische worte, um danach zu fragen. immerhin gelingt es, uns über den brunnen zu verständigen.

nach einigen stunden kommen wir an gebüsch vorbei, einem der strauch- und gebüschweiden, die ihr wurzelwerk tief genug in den grund eines wasserführenden tales bringen. die weide sieht trostlos aus. die meisten büsche sind verdorrt. kein wasser mehr. ähnlich wie im msedli, wo wir nur noch dürres geäst antrafen. toter wald erinnert an die westfront des ersten weltkrieges.

much'med läßt das kamel gebunden in die büsche, die vorderen fesseln aneinander geknotet. uns lädt er zu einer mahlzeit ein. es wird ein köstliches mahl: tee, frisch gebackenes brot mit olivenöl und datteln. wir steuern bündnerfleisch bei, was zusammen durchaus rang hat.

aber wie das much'med macht...!
er hat kein geschirr, außer einer einzigen schüssel. für den tee hat er zwei gläschen dabei, eines immer für den gast, der auftauchen könnte. dann zwei kleine kännchen.

mit den händen macht er eine kuhle fürs feuer, die zweige bricht er vom busch, unter dem wir sitzen. sobald das feuerchen brennt, reicht er die datteln. das feuer brennt inzwischen zur glut. das schwarze der beiden kännchen stellt er mit wasser in die glut, bis es kocht. angebrüht wird der tee im zweiten kännchen, mit etwas kraut vermischt, das dem magen gut tun soll. er wird solange ins glas und zurück gegossen, getestet, bis der richtige geschmack erreicht ist, wobei das ritual verlangt, daß das kännchen hochgehalten wird, damit der tee gurgelnd und schäumend ins glas fällt.

arabischer tee schmeckt sehr erfrischend. dem schwarztee ist pfefferminze beigegeben, dazu zucker.

schutz

wir sahen aus wie mit putz beworfen. nasser sand war über uns verspritzt. erst donnerte es, böen schlugen herein, und im nu war ein wolkenbruch da, bevor wir uns recht umsehen konnten. es gelang uns gerade noch, die zwei zeltplanen, die wir bei uns hatten, zusammenzuknöpfen, auf der einen zu sitzen, die andere über den kopf zu ziehen. trotzdem standen wir nach dem spuk, der relativ rasch vorbei war, da wie besudelt.

die packsäcke waren im regen geblieben, naß. aber sie sind wasserdicht. als die warme luft alles wieder getrocknet hatte, konnte man den sand abschütteln, ohne daß er eine spur hinterlassen hätte. kristalliner sand hat keine farbanteile, obwohl er eine bräunliche farbe besitzt. er läßt sich wie nichts abstreifen.

eine zeltplane pro person ist ein ausreichender schutz gegen regen, sandsturm oder sonne. ist ein strauch aufzutreiben, kann man eine schrägfläche als einfachste form des zeltes bauen. zwei der vier zugschnüre sollten aus gummi sein, dann hat das tuch immer spannung, es flattert nicht und reißt weniger leicht die verankerung heraus. zu jeder zeltplane gehören für mich deshalb zwei lange nylonriemchen und zwei kurze gummiseile mit haken, die gewöhnlich dazu dienen, den schlafsack am packsack festzuhalten. ist die zeltplane an den beiden oberen ecken mit den gummiseilen am strauch befestigt, dienen die riemchen am unteren ende zur verbindung mit zwei großen steinen oder zeltstäben, die man in den sand getrieben hat. ist man zu zweit, kann man die planen zusammenknöpfen und das schrägdach auf der windseite, die immer auch die buschseite sein wird, schließen. ein rest

nun nimmt much'med weizengrieß aus einem beutel und knetet in der schüssel einen festen teig mit etwas salz und spärlich wasser.

zuvor gab es die obligate waschung von händen und geschirr, wobei es gar nicht viel wasser braucht, wenn beides zusammen passiert.

das kneten geschieht so sicher und bewußt mit drükken, falten und walken, als wäre es geschult. much'med nimmt die glut aus der feuerkuhle, bis nur noch heißer sand übrig bleibt, legt den teig hinein, drückt ihn breit, legt eine dünne schicht heißen sand darüber, bis der teig verschlossen ist und streicht dann wieder die glut zurück. ein perfekter backofen. es wird noch holz aufgelegt, stäbchen für stäbchen, um eine genaue hitze zum garen zu erreichen.

das alles hat eine ungeheure sachlogik, verhaltenslogik. jeder griff ist ein zugriff, keiner geht daneben. alles ist präzise abfolge. nichts kommt an der falschen stelle und alles läuft auf ein erkennbares ziel hinaus, das wiederum, obwohl es noch nicht da ist, alles tun bestimmt.

die bewegungen und prozeßfolgen ergeben sich aus der anschaulichkeit. es entsteht sicherlich ein einfaches produkt: brot. aber wer kennt denn bei uns die kunst, frisches, ganz frisches brot zu backen?

der bekannte bomberpilot des zweiten weltkrieges wußte nicht, was im bauch seines flugzeugs verstaut war. er kannte nicht sein ziel. es bestand aus einigen abstrakten zahlen und entwickelte sich aus funksignalen. er war bestandteil eines systems, das ihn blind machte. erst aus der zeitung erfuhr er, was er da angerichtet hatte. so in hiroshima, so in dresden, so in birmingham.

auch der angestellte von heute schiebt zahlen und werte hin und her und weiß nicht, was geschieht. im verbund mit rechnern häuft er information auf information, bis die eine die andere neutralisiert. was geschieht, entzieht sich seinem horizont. er ist geschult auf detailprozesse. die beherrscht er, ein zusammenhang stellt sich nicht her.

much'med holt sein brot aus der heißen asche, reinigt es vom sand, wäscht es ab und zerbricht es in die schüssel. er gießt etwas herb riechendes olivenöl dazu und bietet es an. während der backzeit hat er nochmals tee zubereitet. so ist das mahl komplett. wie gesagt, das bündnerfleisch half, besonderen rang zu erreichen.

auch das machen hat seine ihm eigene logik, seine schlußfolgerungen und ableitungen, seine gesetze und regeln, so gut wie das prozessuale denken und rechnen.

die logik des machens war sicherlich der ausgangspunkt für die logik des denkens. so wie die logik des denkens ausgangspunkt für die logik der rechner war. nun, da die rechner uns in vieler hinsicht das denken abgenommen haben, stehen wir da, haben zwei linke hände und bewundern much'med, wie er brot backt.

ist much'med also ein erfolgreicher mann? er wird es nie zu erfolg bringen, weil erfolg hier keine kategorie ist. der erfolg als erfolg ist hier abseitig. worum es geht, ist eine sache richtig machen. schließlich gibt es auch keine erfolgreichen blumen und bäume.

etwas perfekt so machen, wie es sein muß, könnte eine heutige definition für kunst sein. die wenigen gerätschaften, die much'med benutzte, waren sein ganzes hab und gut. die beiden gläser verstaute er – es waren billige senfgläser – wie ein heiligtum in zwei genau ineinander passenden blechbüchsen, konservendosen.

er hat kein spülmittel, keine spülmaschine, keine sanitäre installation, keine wasserversorgung, nicht einmal hammer, beißzange oder schraubenzieher...

und doch backt er frisches brot. mit einem minimum an aufwand.

die minimierung der technischen mittel ist uns geläufig. die chips der computer werden immer kleiner. die minimierung des verhaltens, etwas mit einem minimum an aufwand machen, widerspräche unserer überflußkultur und massenproduktion. das große persilpaket ist billiger, damit die hausfrau noch mehr waschmittel verbraucht. aus dem großen paket wird mehr entnommen. ich möchte weiß gott nicht in ein zeitalter zurück, in dem das geschirr des essens mit kaltem wasser gewaschen wird, ohne einen fettlösenden zusatz. aber muß es gleich der spülautomat sein? gläser und besteck waschen wir zu hause ohnehin wieder mit der hand...

tausend dinge des lebens ließen sich mit einem kalkül der intelligenten minimierung einfacher und besser herstellen und machen. keine frage. dies würde zur wiederbelebung einer verhaltensmoral führen, wie sie auch dem handwerklichen zeitalter eigen war. es war nicht knausrigkeit und pauperismus, wenn ein handwerkliches produkt mit viel ökonomie im material und viel ökonomie in der bewegung hergestellt wurde. es war eine art methodischer sport, mit einem minimum auszukommen.

much'med verstaute sein gerät in zwei taschen, hängte sie über das kamel, und wir zogen weiter.

außer etwas asche und spülwasser mit verbrauchten teeblättern im sand blieben keine spuren.

der abend neigt sich, wir kommen ins flußbett des wadi mya. es gibt büsche, einige kräuter, sogar einen baum. wir nähern uns sidi abd el hakem, hassi inifel.

wir gehen darauf zu, wie auf etwas bedeutendes, einen wallfahrtsort oder ein heiligtum. es ist ungeheuer

---

der plane dient zum sitzen. so läßt sich jedes unwetter überstehen. fehlt der busch, nimmt man den rucksack als verankerungsgewicht. man stellt ihn quer gegen den wind, schlägt die zeltplane auf der windseite über ihn hinweg, wickelt ihn gewissermaßen halb ein und verkriecht sich in kauerstellung hinter ihm. das ganze knattert und flattert im sturm, aber man ist ihm nicht ausgeliefert.

mit zwei packsäcken, schräg gegeneinander gelehnt, wird dieses prinzip fast komfortabel. sie stehen wie ein first auf der plane, die nun aus zwei stücken besteht und leicht über die volle firsthöhe gelegt werden kann, wobei noch eine bodenfläche übrigbleibt. ohne diese zeltplanenausstattung läuft nichts. ein wolkenbruch, auch wenn er kurz ist, kann lähmend sein. ich habe aber auch schon zwei volle tage regen erlebt. wenn ich nichts zum schutz dabei gehabt hätte, wäre ich wahrscheinlich

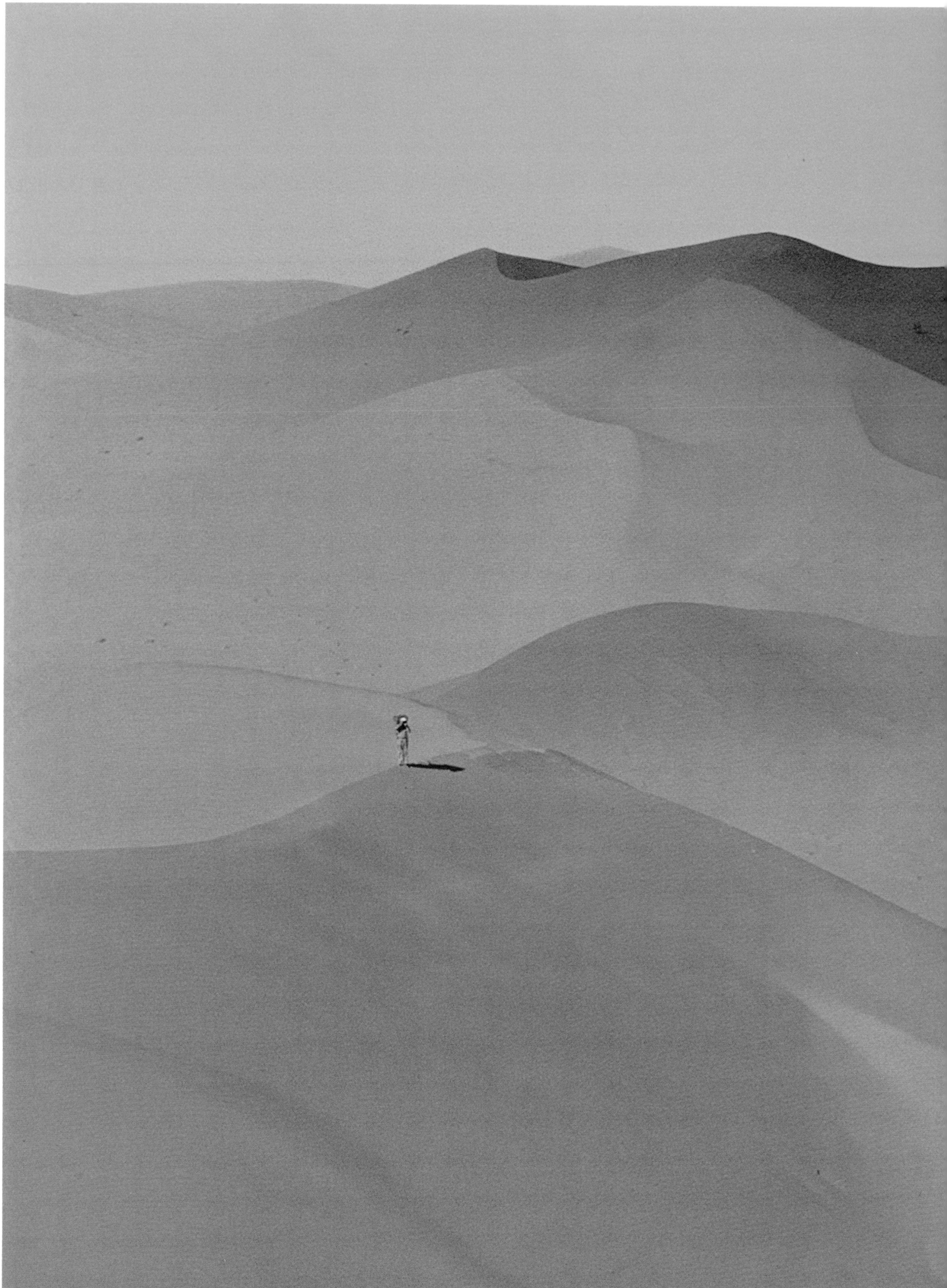

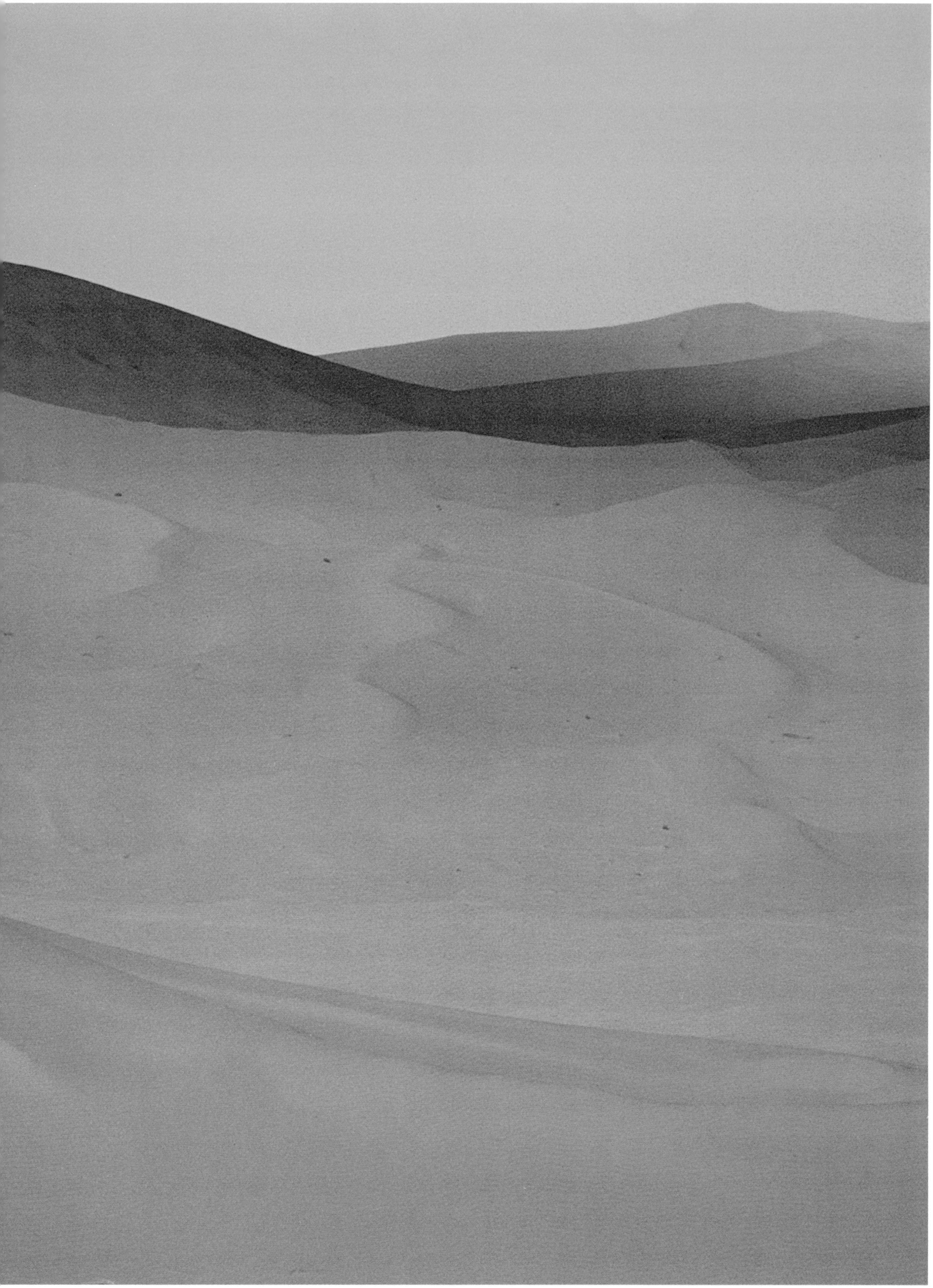

still. die sonne wird golden und gelb. dabei gibt es hier nur zwei halbverfallene kleine forts, die sich auf den ufern gegenüberstehen, und noch die kleine weiße moschee. sonst kein gebäude. dafür den brunnen.

natürlich sind wir müde und froh, hier zu sein. vielleicht ist es der schauer der einsamkeit, der die spannung ausmacht. früher war das ein lebhafter nomadenmarkt, heute ist der sand makellos, ohne die spur eines menschen oder eines kamels. wir ziehen allein nach sidi abd el hakem ein.

der brunnen ist noch, wie ich ihn vor zwei jahren antraf. das kamel wird getränkt, dann nehmen wir fürs erste jeder zwei flaschen wasser und verabschieden uns von much'med. unter einem baum machen wir unsere schlafstatt. much'med ist noch am brunnen beschäftigt, bis es nacht wird. der wind hört auf. die sterne kommen.

plötzlich singt much'med drüben im fort sein langgezogenes abendgebet in die nacht. mit voller stimme. ohne einschränkung und unterbrechung.

er täte es, auch wenn wir nicht da wären. trotzdem verblüfft es uns. er singt es für niemanden, er singt nicht, um gehört zu werden. was er tut, tut er der sache zuliebe. er betet.

eine metapher

das merkmal unserer zivilisation ist die machbarkeit. werkstoffe verarbeiten wir nicht mehr, wir machen sie. wir verarbeiten nicht mehr nahrungsmittel, wir machen sie. wir verarbeiten nicht mehr baumaterialien, wir machen sie. wir machen neue arzneimittel, neue textilien, neue organe. wir machen aber auch bedürfnisse, wir machen neue märkte und wir machen neue verhaltensnormen. ersatz, synthetics und manipulation sind die plattform einer neuen kultur.

unser kulturverhalten gleicht aber immer mehr dem von ratten und raben. wir bevorzugen müll, fäulnis und verwesung. wir fühlen uns wohl in den lügen der werbung, in der süßlichen gärung der erbauung, in der fäulnis unserer zeitungen. die industrialisierung der meinung hat der wahrheit schimmel angesetzt. angefaulte wahrheiten sind uns lieber als gesunde. die produkte der industrie sind verdorben, noch ehe ihr lack abfällt. ramsch, billigware und schund sind unsere kulturelle umwelt, holz, das kein holz mehr ist, stoff, der kein stoff mehr ist, und stein, der kein stein mehr ist. im moder unserer illustrierten mit frauen, die keine frauen mehr

weil in der wüste die luftfeuchtigkeit fehlt, werden die konturen scharf und hart, farben werden durch keinerlei dunstschleier getrübt.

die beiden vollen tage gegangen, um mit der körperwärme gegen die abkühlung anzugehen.

sonst kann man unter die zelthaut kriechen. ein ganzes zelt mitzunehmen, ist zu viel. die plane mit 160 × 160 cm ist ausreichend. auch ein sandsturm kann eine heftigkeit annehmen, daß man nicht mehr weitergeht. dann braucht man die plane zum einigeln. es ist zwar verblüffend, was hier der schesch leistet. wenn einem eine erste böe sand in die augen getrieben hat, ist man zunächst verstimmt und fühlt sich der sabotage ausgeliefert. und resignation stellt sich bei der ständigen anspannung schnell ein. bindet man dann den kopf richtig ein nur mit einem schmalen schlitz in pupillenbreite, fühlt man sich wie geborgen und hat keine bedenken, es mit dem stier aufzunehmen und durch den sturm weiterzugehen. ist es ganz schlimm, trägt man eine lage des schesch wie gaze über das ganze gesicht. das gewebe ist gerade so, daß man noch hindurchschauen, sogar die uhr lesen kann. natürlich funktioniert das nur bei tag. nachts kommt man ohne den schlitz nicht aus.

so schlimm wie ein wolkenbruch oder ein sandsturm kann auch die sonne sein. mittags um halb zwei in einer topfebenen steinwüste zu liegen oder durch dünen zu gehen ohne erfrischenden wind ist mörderisch. die wüste hat vier arten von hitze. einmal die strahlungswärme der sonne. da in der regel die luftfeuchtigkeit fehlt, dringen die sonnenstrahlen ungebremst wie nadeln auf die haut. was nicht verdeckt ist, verbrennt.

hat die sonne bis mittag bei makellosem himmel auf die erde gebrannt, wirken steine, auch sand, wie ein ofen. das material wird so heiß, daß man nicht mehr barfuß gehen kann. diesem ofen ist man ausgesetzt bis in den abend.

eine dritte scheußliche form der hitze sind warmluftströme. dringt luft vom feuchten zentralafrika in die sahara, wird auch sie von den abstrahlenden steinen und

163

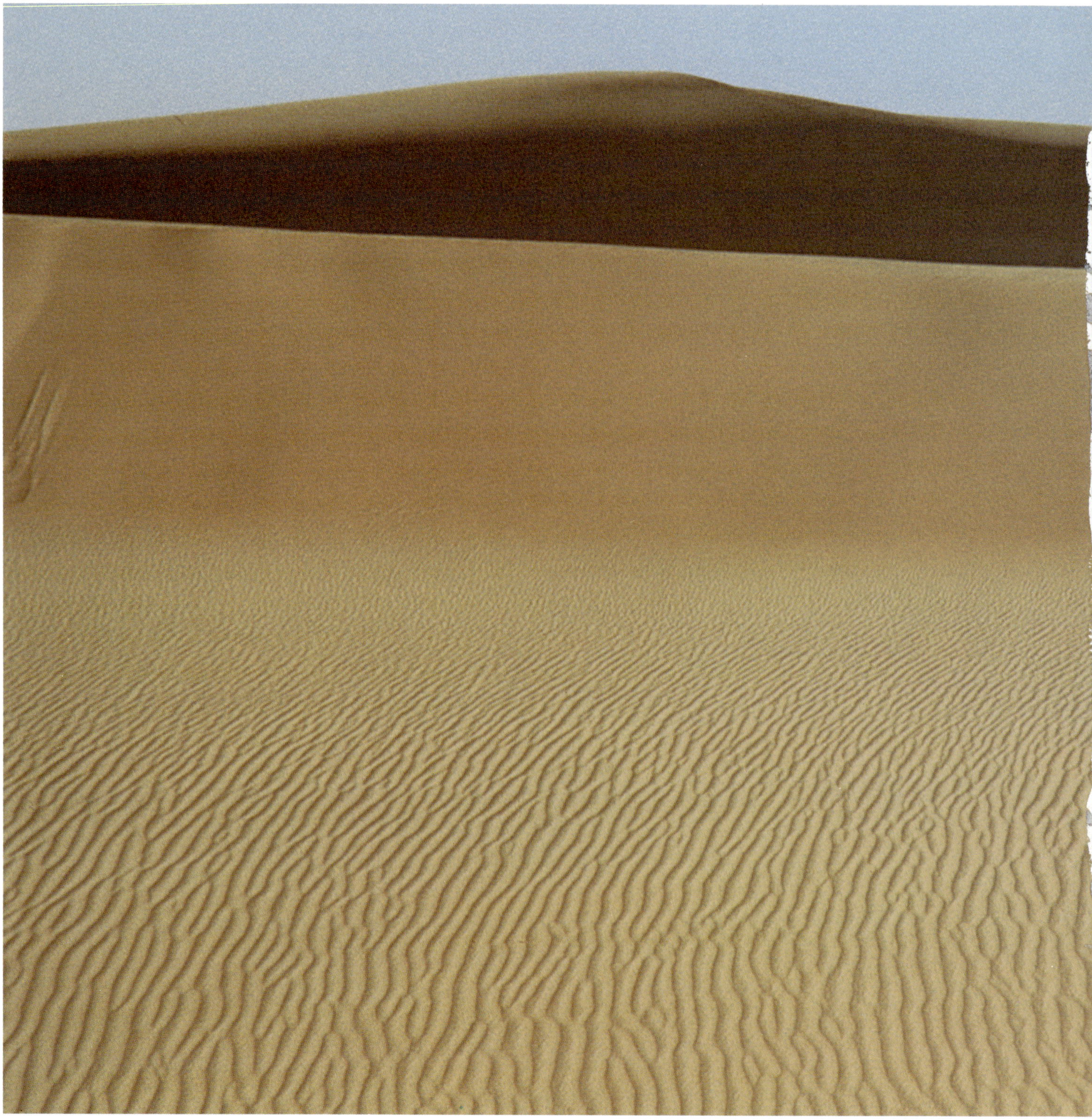

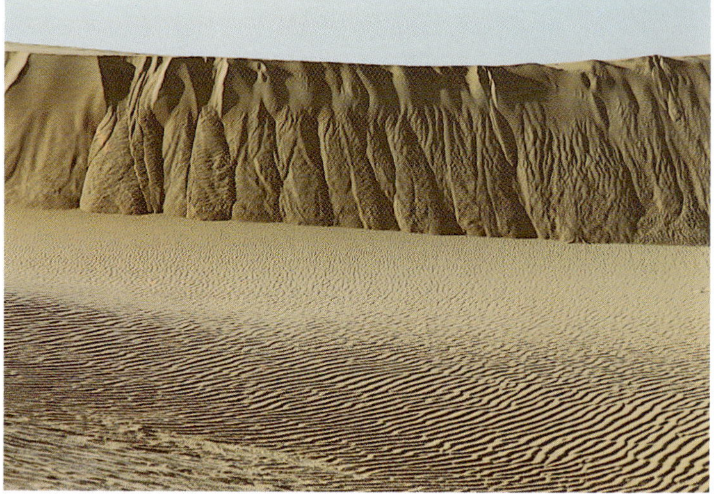

wenn bei einem sturm der sand auf der windabgewandten seite weich abgelagert wurde, bricht er in eigenen fließfiguren allmählich ab, bis die festigkeit und der neigungswinkel der böschung wieder korrekt sind.

sind, mit blumen, die keine blumen mehr sind, in faulender verfälschung holen wir unsere geistige nahrung. wir schlitzen die verfaulten matratzen der vergangenheit auf und bauen uns ein warmes nest darin. was rostig ist, sagt uns zu, und der süßliche geruch der verwesung macht die historie interessant. die krankheit einer gesellschaft erhalten und pflegen wir, ihre wunden finden wir schön und gut. wir pflegen sie, um sie zu erhalten.

noch nie gab es soviel müll wie heute. der fortschritt erzeugt halden davon. die welt kehrt sich um. die wahrheit dient dazu, falsches zu beschönigen. die gesundheit dazu, das kranke zu verhätscheln, die freiheit wird freizeit. wir fühlen uns selbst verwirklicht, wenn andere für uns handeln. unsere wirklichkeit ist der traum der illusion, mit schneebesen geschlagen, bis alle wirklichkeit dahin ist. aus angst, der weltuntergang könnte uns überraschen, flüchten wir uns in das glück der zerstörung, der verwüstung, in den zerrissenen sofas alter weltanschauungen suchen wir unser heil.

wettbewerb

was aber ist der grund der existenzpanik, der sicherheitspanik? warum drängt es jeden in den pferch der beamtenschaft, der totalen sicherheit bis zum lebensende, bei können und nichtskönnen, bei fleiß und faulheit, bei phantasie und phantasielosigkeit?

ich vermute, es ist der konsumverschleiß, der ständige zwang zur repräsentativen existenz durch konsum und besitznachweis. es kostet etwas, seine sprosse auf der leiter der gesellschaftlichen stellung durch vorzeigen von käuflichem zu demonstrieren – allerdings nur, solange es erstrebenswert ist, das, was auf dem markt als ständig neuer und immer letzter schrei angeboten wird, zu besitzen.

nicht nur die hälfte unserer energie wird unnütz vertan, das meiste dessen, was wir uns aus den schaufenstern holen, ist nur zur pose geeignet. der pfau mit seinem längeren schwanz kann nicht besser fliegen.

was aber wiederum ist der grund für ständig neuen kram, für das überkippen von ständig neuen produkten und diensten? die angst wohl des unternehmers, seinen farbrikbesitz zu gefährden und nicht mehr vorzeigen zu

sandmeeren aufgeladen. man bewegt sich wie in einer waschküche. der hitze entgegen wirkt der wind. er kann zwar nicht die heftigkeit der sonnenstrahlen mildern, aber die bodenwärme wegblasen. ich bin schon mit größtem vergnügen durch heiße tage marschiert, auch zur mittagszeit, wenn der wind diese wärme verjagt hat.

schließlich ist noch an eine weitere wärmequelle zu denken, die man zu leicht übersieht. das ist die eigene. der körper erzeugt wärme, bei anstrengung mehr als im ruhen. diese wärme ist noch zu den übrigen wärmequellen hinzuzuaddieren. das kann gelegentlich hart werden. so, wie wenn man schwitzend durch eine waschküche geht, durch die ein sandsturm fährt. dann sollte man stoppen, sofern man nicht zu knapp in der zeit ist, um eine wasserstelle zu erreichen. hinlegen und sehen, ob man nicht eine zeltplane über sich anbringen kann. so, als würde es zu regnen anfangen.

schatten bringt gleich ein temperaturgefälle von zehn, zwanzig grad. allerdings muß die plane dann freihängen. sie lädt sich ebenfalls auf und strahlt ab. der wind sollte unter ihr hindurchstreichen können und die abstrahlungswärme mitnehmen. dann läßt sich das ganze gut überstehen. ohne solchen schatten kann es umgekehrt dazu kommen, daß zum beispiel die schuhe heiß werden. beim gehen mutet man den füßen, die schwitzen, das schlimmste zu. sie haben ihre arbeit in einer art lauge zu verrichten. das gibt schneller blasen und wundstellen als zehn kilometer gehen.

man sieht, es genügt ein minimum, eine zeltplane. sie ist so wichtig wie der schesch. heute verstehe ich auch, warum kein nomade aufbricht, ohne ein ähnlich großes stück tuch, seinen burnus. neben seinem schesch ist er sein ständiger begleiter. zuerst wirkt es verrückt, leute im schweren, wallenden mantel

können, weil er möglicherweise vor der konkurrenz geschlafen hat.

und was ist der grund, warum die konkurrenz ständig davonläuft? die angst, der erste unternehmer könnte schneller sein. die angst der konkurrenz vor der konkurrenz.

leben aus erster hand

leben aus erster hand.
leben aus zweiter hand.
leben aus dritter hand.
vor dem fernsehapparat sitzen und konserveninformation zu sich nehmen.
vorgefertigte ferien buchen.
programmierte arbeit tun.
das vokabular des psychiaters für die eigene psyche ansehen.
industriekäse und industriesäfte zu sich nehmen...
so fängt die selbstaufgabe an. das ist das leben des idealkonsumenten der heutigen wirtschaft, der nichts mehr produziert als seine altersversorgung. das marketing weiht den automaten in die bandbreite der ausgewogenheit ein, und was außerhalb der ränder liegt, darf vergessen werden.
schon aus gründen der hygiene, um nicht dreckig zu werden, aus gründen der entwicklung von antistoffen, um nicht vereinnahmt zu werden (wer ist schon ein held?), ist es angebracht, gelegentlich nicht nur handwerkliche, sondern sogar vorhandwerkliche epochen aufzusuchen: die deckung von umwelt und person wiederherzustellen.
brunnen in der wüste suchen. all sein hab und gut auf den buckel nehmen, nicht andere tragen lassen, und deshalb sein hab und gut reduzieren und minimieren.
statt ziele anzurennen gehen lernen, wie es der körper will, stundenlang, tagelang.
schlafen, wo immer einen die müdigkeit überfällt.
mit der sonne leben, mit den sternen, dem mond.
klug und schlau werden gegenüber hitze und kälte, regen und trockenheit, tag und nacht.
denken und handeln, voll sich bestimmen lassen aus der anpassung, nutznießung und kontrolle von klima, nahrung, überleben.
man entdeckt das licht, die großen stunden des tages und der nacht, das wasser und die furcht (der nächste mensch ist einige hundert kilometer weit entfernt).

durch die wüste gehen zu sehen. die europäer und kolonialherren in kurzen hosen und in hemdchen mit kurzen ärmeln stehen da und gaffen. mit dem schesch und dem burnus kommt der nomade durch die wüste. mit tropenkleidung kann man es nicht schaffen, so schick sie auch sein mag. sie war die kleidung des beschäftigungslosen kolonialoffiziers, der sich von schwarzen luft zufächeln ließ, eine fehlprojektion der gemäßigten zonen auf eine fremde klimaregion.

die sache mit dem zelt

hier in der wüste gibt es keine technische redundanz. die sache geht oder sie geht nicht. und wenn sie nicht geht, ist eine andere lösung zu suchen. der nebeneffekt ist, daß man den dingen auf die schliche kommt.

jahrelang hatten wir uns mit dem problem herumgeschlagen, wie wir mit den attacken der wüste besser fertig werden. durch besseren schutz: schatten gegen die hitze, eine plane gegen plötzlichen regenguß, einen windfang gegen den sandsturm.

endlich ist es uns gelungen.

der sandsturm seit zwei tagen hat die sonne verdunkelt, sandfontänen über die spitzen der dünen gejagt. er war eingewickelt in eine heiße schwüle wolke, es war die stunde eines untergangs. ein bißchen sand kam immer noch in die augen, obwohl der schesch ganz, auch über das auge, geschlossen war. man sah nur schemenhaft durch die gaze. wir versuchten, uns wenigstens über die mittagsstunden eine erleichterung zu verschaffen. eigentlich hatten wir beide kein rechtes vertrauen dazu, denn wir hatten zusammen erlebt, wie der sturm sich ein vergnügen machen kann, alle anstrengungen ins lächerliche zu ziehen und obendrein unsere einrichtungen zu zerfetzen und wie papierschnitzel in die luft zu werfen.

wir knüpften unsere beiden quadratischen zeltplanen zusammen. statt sie wie bisher an zwei enden an einem strauch festzubinden, legten wir sie über die stärksten zweige in der schräge des windgebeugten busches. wir erhielten eine art mittleren first und zogen alle vier enden zum boden herab. es entstand ein tetraeder mit der bugkante zum wind, ein pflugförmiger unterschlupf, ein windpflug. und, das war nun entscheidend: wir gaben es auf, die planen fest zu verzurren, wir verankerten sie vielmehr an allen vier ecken mit unseren gummizügen, so daß das tuch gleichmäßig gespannt war. wir fanden ein paar steine, legten darum riemen und hatten so ankerpunkte zum einhängen der gummiseile. die steine ließen sich zu steinhaufen beschweren.

böen drückten die konstruktion gelegentlich fast bis zum boden. uns, die wir unter den planen lagen, fast ins gesicht. aber das ganze gebilde hatte soviel spannung, daß es immer wieder aufstand in seine ausgangslage. das entscheidende war, es gab nach und blieb immer unter zugspannung nach allen seiten. wäre eine seite locker geworden, das tuch hätte ein paarmal geschlagen, und mit einem ruck wäre das gebilde aus der verankerung gerissen worden, vielleicht, kaum daß man rasch genug handeln konnte, davongeflogen. wir waren bisher einfach einem denkschema aufgesessen: ein zelt ist ein zelt und hat fest verzurrt zu sein.

wir können zwar kein zelt mitnehmen, auch das kleinste brächte uns zusätzliches gewicht. wir finden sogar die beiden einzelnen zeltbahnen – jeder trägt eine – für zu schwer und möchten uns welche aus leichterem stoff nähen lassen. aber wir haben aus diesen beiden bahnen immer etwas zeltartiges herstellen wollen: ein ding, fest, das jedem sturm standhält. erst das umdenken in ein flexibles gebilde hat uns erfolg gebracht.

das meine ich mit den hauptwörtern, mit den substantiven, die unserer sprache und unserem denken so viel schwierigkeiten machen. ein zelt ist ein zelt. jeder weiß, wie es aussieht, was sein prinzip ist. dieses ding ist ein fest definierter gegenstand und steht im sturm mit eben seiner definition: fest verzurrt zu sein.

wir haben es aufgegeben, einen gegenstand herzustellen, ein ding nachzuvollziehen. wir haben daraus einen zustand gemacht, den zustand des spannens. das gespannte tuch war es, das uns hilfe brachte, nicht das zelt. wir haben an die stelle des hauptwortes ein verb gesetzt. spannen.

so geht es uns oft. unsere kultur ist mit objekten verstellt, unser denken mit fixen dingen verbaut, die so sind, weil sie immer so waren oder, um mit plato zu reden, weil sie ideen verkörpern. wir verstehen die welt als summe von seiendem und müssen es immer wieder lernen, die dinge als manifestationen von vorgängen zu sehen, deren bedingungen sich ändern. wir fühlen uns im besitz des wissens, was ein zelt ist und versperren uns den weg, es neu zu denken. jahre gingen ins land, bis wir die freiheit gewonnen hatten, ein zelt neu zu verstehen, nicht mehr als ding hausartig, geschlossen, fest verankert und verzurrt, sondern als ein tuch, das so schlau sein soll wie der wind, das auf seine herausforderung eingeht und sich nicht in seinem sein darstellt, sondern in seinem verhalten.

die wüste ist eine schule. zugegeben, das bewegt nicht die welt. für uns war es doch ein kleines wunder, was offenes denken helfen kann. wir staunten nach jedem windstoß, daß offenbar kein problem vorlag.

wir lösten einen fall, statt ein festes prinzip anzuwenden. noch nie hatte ich ludwig wittgenstein so gut verstanden. was ist die welt? thomas von aquin hat sie als seiendes verstanden, das in allgemeinbegriffen erfaßbar ist als realität. wilhelm von occam verstand diese begriffe nicht mehr als realitätsabbild, sondern als sprachliche, also menschliche setzungen, als namen. und bei wittgenstein heißt es, die welt ist, was der fall ist.

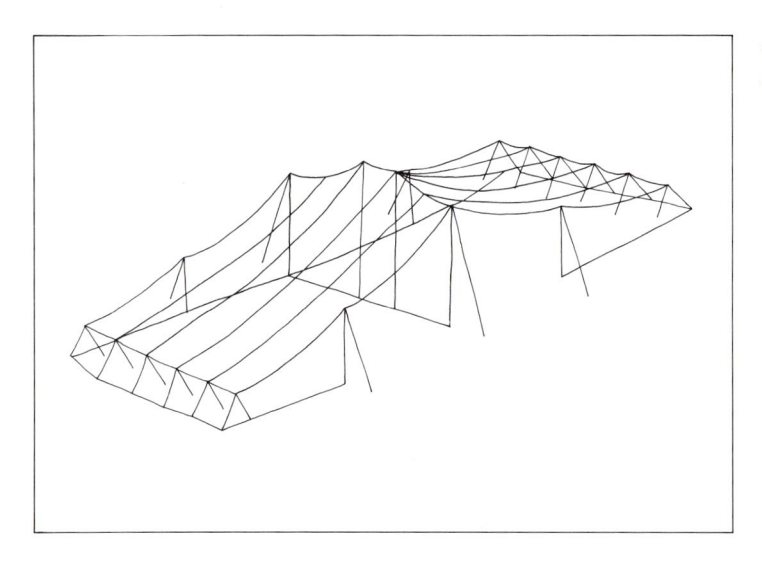

die architektur des zeltes

das nomadenzelt besteht aus fünf bahnen, jede ca. 60 cm breit, aus gewobenem, schwerem kamelhaartuch. die dem wind abgekehrte längsseite ist offen. auf den schmalseiten hat es je sechs niedrigere stützen, die so abgeschrägt sind, daß die verankerungskräfte günstig abgeleitet werden und die verankerung im sand, die nicht viel bringt, mehr der erhaltung der schräglage dient.

die vier mittelpfosten, zwei höhere in der mitte, teilen das zelt in zwei hälften, eine für die ziegen und schafe, eine für die familie. gelegentlich, so wenn besuch kommt, trennt der vorhang, der an den mittelpfosten befestigt ist, auch zwischen männerteil einerseits und dem teil für frau und kinder.

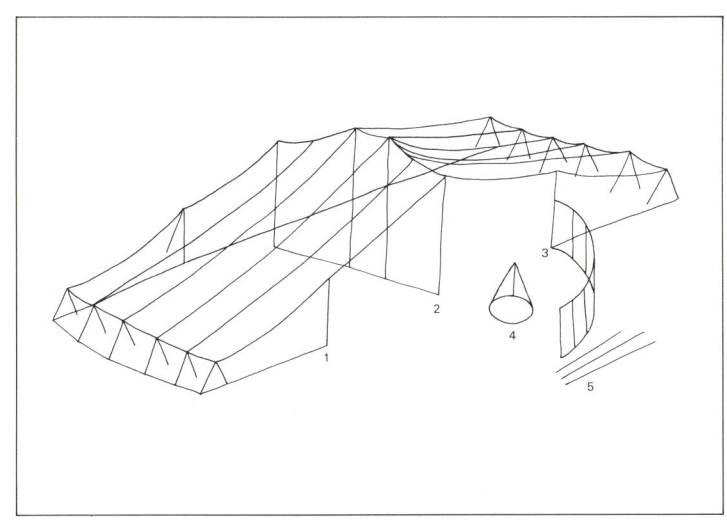

die gesamtform ist vor allem dem wind angepaßt. die rückseite ist mit kamelhaartuch geschlossen, das ebenfalls leicht abgeschrägt ist. so ist die form des zeltes nicht unähnlich der sicheldüne, eine windgeformte idealfläche mit minimalen angriffsflächen.

der feuerplatz liegt etwas außerhalb des zeltes (4), geschützt durch einen zaun aus tüchern, der auch bei starkem wind ein ruhiges feuer garantiert. hier wird auch gegessen, im rund um das feuer. nur wenn ein gast kommt, essen die männer mit ihm in dem teil, in dem nachts die kleintiere untergebracht sind.

am mittelpfosten (2) ist der platz für das familienoberhaupt. von hier aus beobachtet und dirigiert er alles. die frau hat ihre kochutensilien am pfosten 3 hängen und

169

hat ihren platz mitten im eingang der wohnfläche. von hier aus greift sie zu den vorräten, die zwischen den pfosten der rückseite in säcken aufgehängt sind, hantiert am feuer und beobachtet die kinder im zelt. der platz des ältesten sohnes ist am ende des schutzzaunes. er bedient das feuer und kann im sitzen zum holz greifen (5). zudem ist er zuständig für die kamele und die ausgelegten tierfallen und muß auf dem sprung sein können. zwischen ihm und dem alten sitzen die jüngeren buben, zuständig für das kleinvieh. die mädchen sitzen entlang des feuers und helfen der mutter beim kochen, spülen und backen.

am pfosten 1 hängt der wassersack.

so hat alles seinen elementaren, sinnvollen platz. das zelt ist ohne rauch und doch gibt das feuer abends licht in den wohnraum, in dem man sich nebeneinander schlafen legt.

mit einer alu-folie, die man in einen sandtrichter legt, könne man nachts etwas wasser gewinnen, wenn die luftfeuchtigkeit an der folie kondensiert. so ein überlebensbericht der NASA. aber in den zonen, in denen wir uns aufhalten, ist die luftfeuchtigkeit gleich null. versuche blieben erfolglos. wir waren gezwungen, unser wasser zu tragen.

die wüste stirbt

in der ganzen region zwischen den großen ergs kenne ich drei menschen, die dort leben: ali, much'med und die alte vom fort miribel.

früher muß es tausende von nomaden gegeben haben. noch bei meinen ersten exkursionen sah ich mehrere zelte. aber der staat kann mit diesen umherziehenden analphabeten nichts anfangen. er steckt sie in die neu aufgebaute ölindustrie um hassi messaoued. dort arbeiten sie als petroliers oder kraftwagenfahrer.

ali und much'med haben noch ihr zelt und ziehen von buschweide zu buschweide. die sahara war einmal fast bewohnt. sie wird menschenleer.

die folge ist, daß die brunnen nicht mehr freigehalten werden. der sand deckt sie zu. der brunnen hassi moussa war vor zwei jahren noch offen. jetzt ist er zugeweht. hassi meksa wird es auch so gehen. die zwei noch intakten brunnen sind fort miribel und hassi inifel. eines tages wird das seil für die wasserbehälter gerissen sein. niemand wird es mehr ersetzen.

hassi messaoued mit seinen ölfeldern liegt zweihundert kilometer unterhalb hassi inifel, ebenfalls im talbereich des oued mya. industrie braucht wasser. es wird hemmungslos dem grundwasserstrom des mya entnommen.

wir haben zuerst nicht recht verstanden, warum fast alle büsche im msedli am eingehen sind, ebenso die im dajet saret. jahrhundertealte

konstruktivismus

die freiheit verstehen wir als eine sache, als etwas, das man hat oder nicht hat. dabei ist sie eine konstitution, ein zustand, der nur in der verwirklichung existiert, als fall, als verhalten, als realisierung. freiheit hat man nicht, man kann sie nicht besitzen wie ein haus, ein auto oder ein konto. sie existiert nur im vorgang, wenn man freiheit verwirklicht. freiheit ist ein nachweis.

wir haben sicher in unserm staatswesen die freiheitlichste verfassung in unserer geschichte. das ändert nichts an dem sachverhalt, daß wir in zunehmendem maße unsere freiheit verspielen, weil wir freiheit als besitz verstehen und nicht als prozeß. die neigung, sich selbst zu realisieren, nimmt ab, weil wir uns im besitz einer sache glauben, die gar kein besitz ist, kein besitz sein kann, weil sie einen zustand darstellt.

die anpassung in der folge einer arbeitsteiligen wirtschaft, der verzicht auf identität im beruf, der kotau vor dem gehalt und der karriere sind ein selbstverzicht, gewollt oder nicht gewollt, der uns freiheit kostet. es ist kein widerspruch, daß menschen in einem freien staat ihre freiheit einbüßen können. sie büßen sie ein, wenn sie unabhängigkeit und selbstbestimmung nicht ständig realisieren.

die freiheit ist kein objekt, sie kann in form eines substantivs gar nicht existieren. man kann ein freier mensch sein, aber nicht freiheit haben. freiheit ist greifbar im frei sein. sie ist eine setzung. die schweizer waren ein freies volk, die polen sind es. waren es die deutschen? wir besitzen eine freiheitliche rechtsordnung mit derselben überzeugung, wie die generation meines vaters einem kaiser wilhelm nachgelaufen ist und meine generation einem adolf hitler. beidesmal in kriege, die uns ins unglück und andere völker ins elend und in die unfreiheit stürzten. mir wird angst, wenn ich sehe, mit wieviel selbstsicherheit wir uns im besitz von freiheit glauben. ist eine bismarcksche kanzlerdemokratie eine republik? in jedem fall bilden wir uns etwas ein auf eine freiheit, die ein besitz ist, auf unsere freiheitlich-demokratische grundordnung.

auch kultur ›hat‹ man nicht. kultur wird gelebt. auch sie ist kein besitz. wer schiller, goethe und hölderlin kennt, kann nicht auf einen kulturellen besitzstand verweisen. oder wer proust, joyce oder hemingway gelesen hat. hat der kultur, der grass, böll und lenz liest?

kultur agiert man, vorzeigbar sind nur etappen. etappen sind markierungspunkte. man kann ein zwischenre-

pflanzen, die sich mit weitverzweigten wurzelsystemen am leben gehalten haben, werden in wenigen jahren gekillt.

keine frage, daß sich der grundwasserspiegel gesenkt haben muß. ali und much'med werden ebenfalls aufgeben müssen, weil ihre kamele kein futter mehr finden. eine jahrtausendealte kultur des lebens in der wüste, eine kultur des überlebens mit intelligenz, eine kultur, die mit einschränkung wirksamkeit erreichte, die das prinzip der optimierung durch minimierung aufs genaueste verfeinerte, wird zu ende sein. weichen muß sie der zivilisation der verschwendung.

die wüste wird weiter kilometer um kilometer nach süden wachsen. die sahara wird zum karst, zur toten mondoberfläche, zum unzugänglichen rest. die letzten noch wilden kamele und gazellen werden verenden.

die NASA trainiert mit einem aufwand von millionen zukünftige astronauten in der kunst, am rande des nichts zu existieren. sie lernen, von wurzeln zu leben, wasser

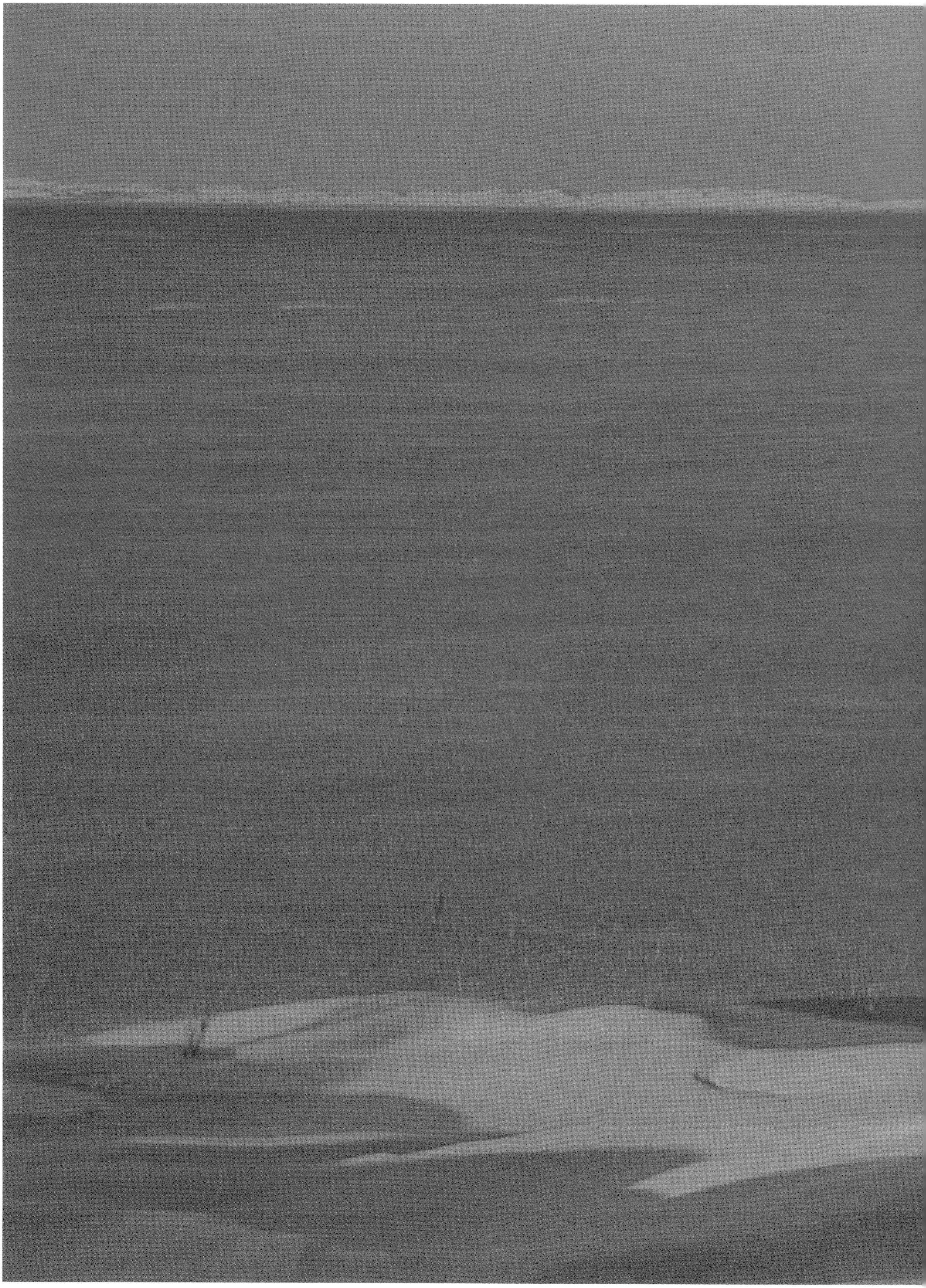

tropfenweise zu gewinnen, sich in allen situationen am leben zu erhalten. man trainiert eine existenz zwischen steinen und sand, zwischen den extremen von hitze und kälte.

überall auf dieser erde werden institute gegründet, die zu erforschen haben, wie man tote erde fruchtbar machen kann. es sind große siege der wissenschaft und technik, wenn ein paar hektar land urbar gemacht worden sind, wenn es gelungen ist, pflanzen hochzuziehen, die sich gegen widrige umstände behaupten können. und im zentrum der sahara, wo es ein feingesponnenes netz von jahrtausendealtem leben gab, mit märkten, handel und jagd, wird die totale wüstenei hergestellt. die sahara lebte. in ein paar jahren darf nun hingemacht werden, was geschichte aufgebaut hat. was generationen stellvertretend für die menschheit als ganzes mühsam aufgebaut und zusammengehalten haben, wird kalt dem profit geopfert. die zerschossenen bäume von verdun sind nachgewachsen. die hier sterben, kommen nicht wieder. die wunden zweier weltkriege werden zuwachsen. die der ausbeutung nicht.

176

sultat buchen, aber wer nicht weitermacht, hat sein rennen aufgegeben.

kultur und freiheit gewinnt man nicht durch spekulative einsichten, durch reflexionen. man weiß um sie, wie man in der werkstatt erkenntnisse gewinnt. im machen kommt einsicht zustande und einsichten fließen in das machen. ich kann mich auf kein gültiges sein berufen. einsichten ohne tun gibt es in der werkstatt nicht und tun ohne einsichten ebensowenig. das eine ist ohne das andere nicht denkbar. beides sind zwei seiten ein und derselben sache.

die entlassung der substantive aus einer falschen würde

›es gibt nichts gutes, es sei denn, man tut es‹. diese sprachliche perle von erich kästner ist nicht nur zu verstehen als moralischer hinweis, er drückt auch eine einsicht aus. er belegt eine philosophie: die glaubwürdigkeit liegt nicht im sein, sondern in der veranlassung, im machen.

vielleicht war luthers theologie mit daran schuld, daß in der regel das anders gesehen wird. das gute ist eine gnade, etwas geschenktes, ein haben. daraus resultiert die repäsentative existenz, die unsere kultur geprägt hat. wir machen nichts, wir zeigen vor.

wir denken nicht mehr, wir haben eine thematik. wir arbeiten nicht mehr, sondern sind arbeitnehmer, oder richtiger arbeitgeber. ja, wir schreiben nicht einmal mehr briefe, wir erledigen korrespondenz, wir haben posteingang.

diese repräsentative existenz ist im absolutismus zur staatsnorm erhoben worden und ist mittlerweile bei uns einzelnen angekommen. wir leben heute wie fürsten. nur nehmen wir statt der schlösser, parks und bibliotheken das auto, das schöne haus, die bessere kleidung. selbst eine frau, selbst kinder, sind zum herzeigen. sie sind eine sache. der beruf ist zum herzeigen. ein professor ist in unserer gesellschaft mehr als einer, der denkt.

der sprachliche ausdruck dafür ist das substantiv. dabei ist die deutsche definition entwaffnend. substantiv meint ein wort, das sich auf eine sache, ein ding bezieht. die deutschen sagen dafür hauptwort. hauptwörter gibt es, seit es in der architektur achsen und fassaden gibt. einem schloß werde ich – bis auf den eingang und dem darüber liegenden saal – nicht ansehen, was in welchem zimmer geschieht, sehr wohl einem bauernhof.

wir haben die fassaden, die in den bombennächten stehenblieben, allesamt restauriert. sie zeigen nicht nur besitz an, sie zeigen an, daß hier menschen wohnen, die auch in besitzkategorien denken, in hauptwörtern. hier sind nicht zuerst menschen zu hause, sondern ansammlungen von demonstrativem besitz.

der pelzmantel stellt mehr dar als der stoffmantel, die goldene uhr mehr als eine aus stahl, ein fauteuil mehr als ein sessel, ein mercedes mehr als ein renault, ein großband mehr als ein taschenbuch, ein leuchter mehr als eine lampe, eine tapete mehr als eine wand.

ein stuhl ist kein gegenstand zum sitzen, sondern wie im schloß karl eugens ein zeichen. hätte es schon zu zeiten des absolutismus auch kameras und radios gegeben, gar nicht auszudenken, wie stilvoll sie heute aussehen würden, um der geistigen welt von versicherungsangestellten zu entsprechen, von abteilungsleitern oder neudeutschen professoren.

daß objekte gesellschaftlichen status und rang demonstrieren sollen, mag eine weitverbreitete sitte fremdgeleiteter gesellschaftssysteme sein. daß auch handlungen zur demonstrativen institution werden, ist nicht eine menschliche eigenschaft, sondern ein spezifikum unserer westlichen kultur. bei uns gibt es auch das gute, ohne es zu tun. ein gesitteter, ehrlicher, gebildeter mensch hat einen dunklen anzug, ein gebügeltes hemd, eine bestimmte automarke. er führt gern einen hund aus, treibt etwas sport und pflegt ins konzert zu gehen. man muß nur die symbole eines standes tragen, dann ist man gut. das kann auch bedeuten, daß man zeigt, wie sehr man der amtskirche verbunden ist, in religiösen veranstaltungen, vereinen oder pilgerunternehmungen. die amtskirche besitzt das gute.

dabei gelingt nicht einmal die erziehung von kindern, wenn man das gute ›besitzt‹. pädagogik ist unvorhersehbar, täglich neu, anders, meistens überraschend. es ist zu vermuten, daß in unserem land erziehung deshalb so schwierig ist, weil eltern in der regel das gute ›besitzen‹. was soweit führen kann, daß sogar kinder als besitz verstanden werden. dabei wird man am ende, wenn die sache gut gegangen ist, sagen müssen, daß man von den kindern soviel gelernt hat wie diese hoffentlich von uns, den eltern.

stückliste

für 2 wochen

7 feldflaschen je 1 liter
1 zeltplane
1 liegematte aus moosgummi, 12 mm stark, 40 × 140 cm
1 mumienschlafsack, erste qualität mit daunen
1 sitzkissen 40 × 30 cm, aufblasbar, nachts als kopfkissen, sehr leicht
2 gummiseile, 60 cm lang (sehr wichtig)
5 paar strümpfe
3 garnituren unterwäsche

1 paar stiefel
1 paar leichteste turnschuhe (sehr nützlich)
1 schesch, 60 × 300 cm (sehr wichtig)
1 waschbeutel, reduziert in klarsichtbeutel (alle beutel in klarsichtfolie, wichtig)
1 medizinbeutel mit ersatzelrido
1 utensilienbeutel mit kleinster zange
1 rolle tesafilm (sehr wichtig) auch zum abbinden schnur, reserveriemchen

1 reiseanzug (verbleibt in der oase)
1 wüstenanzug aus pluderhose (sehr wichtig) und
2 hemden

in der hosentasche:
1 taschenmesser (leichtes schweizer armeemesser, keinesfalls das verkaufsübliche)
1 lippenstift, marke ›elrido‹ (sehr wichtig)
1 taschentuch, kamm, büchsenöffner miniformat

verpflegung: je eine kleine konserve für 2 mahlzeiten und 3 stück knäckebrot pro mahlzeit.

rückkehr zu den verben

schon die typografische auszeichnung der substantive zeigt, welchen stellenwert sie in unserem sprachsystem haben. sie werden groß geschrieben.

das war nicht immer so. die übung kam im absolutismus auf, als es darum ging, den könig, den fürsten, die institutionen des staates auszuzeichnen, indem man auch das wort gott mit großbuchstaben schrieb. damit bekamen objekte und einrichtungen, das statische in unserer welt, das seiende, ihre bevorzugung. das haus des fürsten sollte ja ewig währen, wie auch das land und der staat.

die verben verkümmerten. prozesse, verhaltensweisen, vorgänge, die dynamik der welt standen unter der beschwichtigung der sprachlichen vernachlässigung. zu lieben war nur ein vorfeld der ehe, sich freuen nur das flüchtige vorüber gegenüber dem glück, das der staat seinen untertanen versprach. und in rom und bangkok zu sein, hat heute mehr zu sagen als zu reisen, zu schauen und zu genießen. die wege, die erlebnisse, das »wie« einer reise, tritt gegenüber dem triumph zurück, am ziel zu sein. objekte besetzen, orte belegen, spiegelt das umkippen der verhaltenswelt in eine dingwelt. das machen und erfahren verkümmern gegenüber dem vorzeigen von besitz, der eine ansammlung von dingwörtern mit sich brachte.

jetzt steht die welt voll von unrat und bürokratien. sachen stellt man in museen und begafft sie. institutionen blähen sich auf zur nutzlosigkeit der selbstbehauptung.

zu unserer fortbewegung stehen um unser haus immer mehr gegenstände herum, jetzt auch noch das segelboot, das klappfahrrad und das geländeauto. nur weil wir nicht mehr gehen, laufen, wandern, schlendern, spurten, springen oder bummeln können. es sind objekte, die wir benutzen, geräte.

ich schreibe substantive wieder klein, aber das reicht sicher nicht. man muß wohl wieder beginnen zu gehen.